If Jesus Were Mayor

Transformation and the Local Church

예수님이 시장이라면

지역 사회 선교 전략

밥 모피트 / 칼라 테쉬 공저
민요섭 옮김

서로사랑

If Jesus Were Mayor

예수님이 시장이라면

1판 1쇄 발행 _ 2008. 3. 14

지은이 _ 밥 모피트 / 칼라 테쉬
옮긴이 _ 민요섭

펴낸이 _ 이상준
펴낸곳 _ 서로사랑(알파코리아 출판 사역기관)

편집 _ 이소연, 박미선
영업 _ 설익환
이메일 _ publication@alphakorea.org

컨퍼런스 _ 이정자
사역/행정 _ 정낙규, 윤종화, 주민순, 정수연, 엄지일
이메일 _ sarang@alphakorea.org

등록번호 _ 제 21-657-1
등록일자 _ 1994. 10. 31

주소 _ 서울시 서초구 방배동 918-3 완원빌딩 1층
전화 _ (02)586-9211~4 팩스.(02)586-9215
홈페이지 _ http://www.alphakorea.org

* 잘못된 책은 바꿔 드립니다.
* 가격은 뒷표지에 있습니다.

밥 모피트(Bob Moffitt)는 그리스도께서 명령하신 "가서 모든 족속으로 제자를 삼으라"는 명령을 교회가 실천하도록 권면합니다. 이를 위해 이 책에서 도전받고 변화될 수 있도록 준비가 되시길 바랍니다.

로렌 커닝햄(Loren Cunningham), YWAM 창립자

밥 모피트는 "만약 예수님이 당신 지역 사회의 시장이라면 어떻게 하실까?" 라는 한 가지 흥미로운 질문을 제기합니다. 그는 이 책에서 대답을 제시하고 있는데, 여러 실례와 교훈을 들어 성경적으로 묘사하면서, 지역 교회가 변혁의 도구가 될 수 있다는 한 가지 사례를 보여주고 있습니다.

데쓰나오 야마모리(Tetsunao Yamamori), 로잔세계복음화대회 국제디렉터

밥 모피트는 우리가 사역할 때 무엇을 동반해야 하는지에 대한 바로 그 핵심을 지적합니다. 나는 이 책의 일독을 강력하게 추천합니다.

랄프 네이버(Ralph Neighbour), 터치글로칼 훈련센터 원장, 미국

주님은 그분의 교회가 장성한 데까지 자라서 자기충족적이면서도 풍성하게 공급을 받을 수 있도록 의도하십니다. 밥 모피트는 이러한 확신 위에서 실용적인 훈련 도구를 개발하고 전 세계적으로 보급하여 교회들이 축복을 누리고 있습니다. 나는 인도에서 이것을 사용하여 그 가치를 목격했기 때문에, 교회가 미래의 수많은 도전들 앞에서 건강하게 설 수 있도록 도와주는 이 책을 추천하는 바입니다.

시가 알레스(Siga Arles), 인도 선교교육 컨소시움 원장

| 인사말 |

지난 7, 8년을 돌이켜 보면 하나님께서 한국 교회를 새롭게 하시려고 많은 하나님의 사람들을 한국에 보내 주셨다고 생각합니다. 그들은 참으로 우리에게 소중한 하나님의 선물들이며, 그중에 한 분이 밥 모피트 박사님이십니다. 밥 모피트 박사님이 처음 한국을 방문하여 대로우 밀러(Darrow Miller) 목사님과 함께 '하나님 나라 가치' 라는 비전 컨퍼런스를 가진 후 작은 간담회를 열었습니다.

자신의 가치와 비전을 나누는 자리에서 박사님은 "나의 비전은 우리 주님이 그토록 보고 싶어 하시는 성경적 교회가 이 땅에 세워지는 것입니다"라고 눈물을 글썽이며 고백하셨습니다. 그 순간 나는 어떤 불이 임하는 것 같은 큰 감동과 도전을 받았습니다. 그것은 아마도 내가 부산과 대구에서 교회를 개척하면서 갖게 된 "교회란 무엇인가?"라는 본질적 질문 앞에 나 역시 동일한 비전을 가지고 기도하며 추구해 온 깊은 공감 때문이었는지도 모릅니다.

그날 이후 나는 성경적인 세계관(Biblical Worldview)과 전인적인 사역(Wholistic Ministry)을 통해 지역과 민족과 열방을 제자 삼는 DNA 운동(Disciple Nations Alliance Movement)을 성경적 교회, 전인적 교회를 이루는 중요한 전략으로 삼았으며 이를 통해 목회에 중요한 전환을 가져왔습니다. 그동안 여러 훈련 과정과 실천을 통하여 이 운동이 조용히 교회 안에 뿌리를 내리고 있으며 지역 사회에 좋은 열매를 맺어 가고 있습니다. 또한 이 복된 운동이 한국 교회에 확산되기를 기도하며 도시와 시골에 있는 몇 교회를 멘토링하였고, 역시 좋은 반응들을 보였습니다.

이런 섬김을 시작할 무렵 이 운동의 실제적인 적용을 위해 모피트 박사님의 소중한 책 「지역 사회를 변화시키는 희망의 사람들」(원제: 예수님이 시장이라면)이 출간, 번역되어 얼마나 유용하게 사용되었는지 모릅니다. 그러나 내용이 다소 방대하여 읽기에 부담이 되었는데, 금번에 그 축약본인 「예수님이 시장이라면」(부제: 지역 사회 선교 전략)을 이렇게 출간, 번역하게 되어 너무나 감사할 따름입니다. 이제 누구나 쉽게 접근하게 되었으며 이 DNA 운동의 확산에 퍽 도움이 될 것 같습니다. 이 모든 것이 때를 따라 아름답게 하시는 하나님의 은총임을 믿습니다. 이를 통하여 교회를 새롭게 하며 각 지역 사회를 변화시키고 민족과 열방을 제자 삼는 희망의 사람들, 영광스러운 주님의 교회들이 이 땅에 놀랍게 세워지는 하나님의 큰 부흥을 기대해 봅니다.

한국 DNA 협의회 회장 손 훈 목사

| 추천의 글 |

좋은 질문은 유익한 결과를 얻는다. 신앙적인 질문은 성화된 삶으로의 도전을 받는다. 밥 모피트(Bob Moffitt) 박사의 「예수님이 시장이라면」이란 책도 바로 그렇다.

한국기아대책기구의 오랜 동역자인 밥 모피트 박사가 쓴 저서의 원제인 'If Jesus Were Mayor' 라는 도전적인 책 제목을 보자마자, 나의 중년기 목회 생활에 무뎌진 영성을 깨우쳐 준 찰스 셸든(Charles M. Sheldon)이 쓴 「예수님이라면 어떻게 하실까?」(In His Steps)라는 저서를 통하여, 마치 예레미야가 살구나무 가지를 보고 각성한 것처럼 나의 잠자는 영성을 다시 일깨워 주는 것 같아 감회가 새롭고 고마웠다. C. S. 루이스는(C. S. L ewis)는 "좋은 것은 흉내라도 내라" 고 했다. 나는 분명히 이 책이 '예수님이 시장이라면?' 이라는 현대적인 본보기(Paradigm)로 예수님의 삶을 모방하도록 깨우쳐 모든 독자들에게 진한 감동을 주리라고 믿는다.

저자 밥 모피트 박사는 17년 전부터 개인적으로 잘 아는 분으로 영혼을 사랑하는 진실한 학자요 선교사로 제3세계에서 그의 사명을 다한 사람이다. 본서의 내용은 환상적인 이론이 아니다. 열악한 선교지에서 경험한 사실을 실증한 응용 신학적 내용들을 진솔하게 서술한 것이다. 저자가 사역지의 실천 불가능한 환경에서 '만약 예수님이 시장이라면' 이라는 전제를 내세우는 것은, 그의 사역을 가능하게 해 보려고 실천하는 선교사로서의 고민을 내보인 것이다. 그의 모든 이론은 그 자신과 그의 선교지에서 모두 임상검증을 거쳐, 그의 유명한 하나님 나라 패러다임을 만들어 낸 것이다.

저자 개인적으로는 목사의 아들로 태어나 안정된 젊은 때를 보낼 수 있었으나, 이를 마다하고 가장 비참한 30여 나라들을 여행하면서 섬겼던 성육신적인 헌신이 결국 하나님 나라를 위해 귀중한 밑거름이 되었을 뿐만 아니라, 타문화권에서 가장 효과적인 전도는 선교사가 주인이 아니고 현지 교회에 대해 형제이자 종으로서 가는 것이라는 그의 탁월한 결론은 그의 복음적인 세계관과 하나님 나라에 대한 분명한 그림을 보여 주었다고 할 수 있다.

이 책에서 저자는 이 세상을 '깨어진 세상' 으로 보았다. 깨어진 세상이란 제3세계뿐만 아니라 하나님을 떠난 모든 사람, 모든 사회가 깨어진 상태를 말한다. 그리고 그 깨어진 사람과 사회는 교회, 특히 지역 교회를 통해서 치유할 수 있다고 주장한다.

예를 들면, 이 책 가운데 섬김의 자세와 정신을 배가시키는 '하나님 나라의 수학(數學)' 이라는 논리는 게임을 통해 학습의 효과를 높였고, 이의 전거가 된 예수님의 설교를 실제화 하고 있다.

본인은 이 책에서 제시된 '하나님 나라' 구축에 대한 공식을 농촌 목회자들에게 응용한바 있는데 모두 큰 은혜와 도전을 받는 것을 보았다. 그리고 그것을 자기 교회 주일학교 어린이들에게 적용시켜 '어린이의 가진 것' 에 예수님의 능력이 가산(加算) 될 때, 섬김의 자세, 은혜 그리고 성숙해 가는 신앙의 증가를 보았다고 이구동성으로 공감해 왔다.

이처럼 저자의 공식적인 표현 방법이 단순하면서도 이해성을 높이는 효과를 보이고 있어서 도시목회, 특히 농촌목회에 적용의 가능성을 확신하게 되었다.

'예수님이 시장이라면' 이라는 패러다임은 물량적이고 허세를 잘 부리는, 세속화 되어 가는 한국 교회를 개혁할 수 있는 광야의 소리이다. 마치 미국 교회를 귀족적이고 권위주의적인 힘이 지배하고 있을 때 찰스 셸든의 "예수님이라면 어떻게 하실까?" 라는 외침이 미국 교회에 신선한 충격을 주었든 것처럼!

이제 우리는 "예수님이 시장이라면" 이라는 질문을 자주 해야 한다. 이것은 가장 기본적이고 거룩한 도전이다. 예컨대, 밀집 주택가에 있는 사용하지 않는 교회 주차장 사용을 원하는 이웃 주민들에게, 담임목사인 당신은 '외부차량 절대 주차 금함' 이라고 하겠는가? 가난한 이웃 주민이 결혼식장을 구하지 못하여 교회의 유치원이나 친교실 사용을 원한다면, 담임목사인 당신은 어떻게 하겠는가?

이 책은 이런 문제에 직면했을 때, 실천적이고 임상적인 해답을 줄 수 있는 책이다. 우리의 가슴속에서 난제難題를 앞에 두고 "예수님이 시장이라면 어떻게 처리하실까?" 라고 모든 그리스도인들이 자문자답한다면 우리 가정과 교회와 지역 사회를 변혁시킬 수 있을 것이라고 믿고, 이 책을 교과서로 활용해 보기를 강력히 추천한다.

기아대책 이사장 윤 남 중

| 추천의 글 |

상상해 보십시오. 만약 모든 성도들이 아무도 방관하지 않고, 모두가 나서서 참여하는 교회가 있다면, 이 교회는 '꿈의 교회'가 될 것입니다.

모든 그리스도인은 예수님을 따르는 것이 당연합니다! 바로 우리가 제자라고 부르는 사람들입니다. 그리스도인이 되고 나서 어느 날 제자가 되는 것이 아니라, 그리스도인이라면 곧 제자가 된다는 것입니다. 모든 그리스도인은 예수님의 제자입니다!

원래 예수님의 교회에는 어떤 방관자도 없어야 합니다. 모든 그리스도인은 하나님의 뜻을 성취하는 과업에 참여해야 합니다. 그러나 오늘날의 교회에는 상당히 많은 방관자가 있는 반면, 아주 소수의 참여자만 있을 뿐입니다.

여기에 한 가지 질문이 생깁니다: "대부분의 사람들이 방관자인 교회가 어떻게 그토록 많이 나오게 되었는가?"

새신자는 예수님에 대해 잘 모르지만 보통은 예수님을 열심히 따르고 싶어 합니다. 그런데 교회에 나가면 나갈수록 점점 열정은 식어지고 어느 날 방관자가 되어 버리고 맙니다. 이런 교회가 너무나 많습니다. 왜 그럴까요?

그것은 현재 우리가 교회를 인도하는 방식에 뭔가 문제가 있다는 것입니다! 교회는 교회 건물 내에서만 활동하게 되어 있는 것은 아닙니다. 대신 우리는 세상의 빛이 되어야 합니다. 즉 세상에서 예수님의 삶을 보여 주고 세상을 변화시키는 것입니다. 그러면 어떻게 그런 교회가 될 수 있겠습니까?

밥 모피트는 바로 이런 일을 할 수 있도록 실제적인 지침서를 우리에게 줍니다. 기대하는 마음으로 이 책을 읽어 보시기 바랍니다. 만약 귀하가 밥이 말하고자 하는 것을 이해하신다면, 귀하의 삶뿐만 아니라 귀하의 교회도 완전히 바뀌게 될 것입니다.

도전받고 변화받기를 기대해 보십시오. 더 이상 귀하는 이전과 같지 않을 것입니다!

벤웡(Ben Wong) 목사

| 차 례 |

제 3 부 문화를 변혁시키는 지역 교회

| 서 문 |

당신은 이런 생각을 해 본 적이 있는가: 만약 예수님이 우리 도시의 시장이라면? 나도 해 본 적이 없었다. 나는 오랫동안 가난하거나 선거권조차 없는 사람들과 함께 일해 왔다. 나는 그들이 처한 환경에 대해 하나님께서 마음 아파 하신다는 점을 인식하고 있었다. 그러던 20여 년 전 어느 날, 온두라스의 자그마한 빈민 지역에서 낙심에 빠져 있던 목회자들과 함께 대화하고 있을 때였다. 내가 강의를 하고 있는 중인데, 문득 하나님께서 나의 뇌리를 흔드시는 듯한 어떤 비전과 같은 질문을 떠올리게 하셨다: "만약 예수님이 우리 지역 사회의 시장이라면 어떻게 하실까?" 하나님과 나는 거리를 따라 함께 걸으며 함께 생각에 잠겼다. 우리는 지역 사회를 향한 하나님의 비전의 실마리를 보았다. 당신은 이에 관한 이야기를 이 책의 제 1 부에서 듣게 될 것이다.

교회는 여기 이 땅 위에 존재하는 그리스도의 몸으로서 우리의 가슴을 뛰게 할 정도의 잠재력과 책임을 갖고 있다. 이것은 예수 그리스도께서 우리에게 위임하셨고 또한 할 수 있도록 준비시켜 주신 것이다. 나는 그날 온두라스에서 이렇게 생각했다: "그리스도의 몸인 교회는 '예수님이 시장이라면' 하실 것처럼 똑같이 지역 사회를 섬겨야 한다!" 나는 예수님이 그분의 변혁의 도구인 교회—바로 우리!—를 통해 역사하실 때, 우리 지역 사회의 시장과 같이 되신다는 것을 깨닫게 되었다. 이것이 바로 지상에 있는 하나님의 대리인인 교회를 향한 하나님의 계획—그분의 원대한 계획—이다.

어떤 사람들은 이 책의 제목에 대해 이런 반응을 보일 수도 있을 것이다. "예수님은 사회개혁가로 오신 게 아닙니다"라고 말이다. 어떤 의미에서 그것은 맞다. 이런 반응에 대해 오스왈드 챔버스(Oswald Chambers)는 다음과 같이 말했다:

> 어떤 이들은 예수님께서 사회개혁가로 이 땅에 오셨다고 말한다. 말도 안 되는 소리다! 우리가 바로 사회개혁가이다. 예수님은 우리의 가는 길을 바꾸려고 오셨는데, 우리는 그 책임을 회피하고 예수님께 떠맡기려 한다. 예수님은 우리의 가던 길을 바꾸셔서 올바로 가게 하신다. 그래서 우리로 하여금 그분의 원리를 곧장 좇아가는 사회개혁가가 되게 하신 것이다. 이제 우리 사회개혁가들은 우리가 사는 곳에서 올바르게 활동하기 시작해야 한다.[1)]

이 책 「예수님이 시장이라면」은 일종의 전도에 대한 것으로서 사람들로 하여금 그리스도와 지속적이며 '달라진' 관계를 갖도록 하여, 교회를 통해 나라를 제자화하도록 하기 위한 것이다.

원래 이 책은 흔히 제2/3세계로 불리는 곳의 지역 교회 지도자들을 위해 쓰여졌다.[2)] 그런데 그들은 내게 이렇게 질문하곤 했다: "왜 우리만을 위해 쓰려고 하죠? 전 세계의 목회자들과 교회 지도자들이 그리스도의 한 몸으로서 알아야 할 것은 함께 알아야 하지 않나요? 아니면 적어도 알고 있는 사실이라도 되새겨 봐야 하지 않습니까?"

물론 그렇다. 그들에게 해당되는 것이라면 우리에게도 마찬가지이다. 원리는 어디서나 다 같다. 그래서 당신이 어떤 지역에 살든지, 이 책을 읽어 보기를 바란다. 그리고 당신에게 도전을 주고 읽을 만한 가치가 있기를 기도한다.

이러한 소원 외에 덧붙이고 싶은 얘기가 있다. 이 책에서 나는 보수적인(복음주의, 은사중심, 오순절계) 교회들을 자주 언급하고 있다. 이 교회들은 나의 사역에서 가장 많이 동역했던 교회들이다. 그렇지만 나는 모든 신학 노선의 교회들이 이 책을 읽고 그들의 상황에 적용해 보기를 바란다. 내가 확신하는 것 중 하나는, 교회는 깨어진 세상을 치유하기 위한 하나님의 핵심적 주체라는 것이다. 그리고 또 하나는 하나님은 우리가 서로 섬길 때 우리를 연합시키신다는 것을 확신한다. 그렇기 때문에 당신의 교파가 무엇이든지 이 책을 읽어 보길 바란다.

보수적인 교회의 형제와 자매들에게 한 가지 얘기하고 싶은 것은, 보수적인 교회는 종종 영적 사역에 대한 불균형적이고 협소한 관점을 강조한다는 것이다. 많은 사람들이 하나님께서 그들의 자녀들이 신체적으로 또한 사회적으로 깨어진 자들에게 하나님의 긍휼을 의도적이면서도 능동적으로 베풀도록 명령하신다는 사실을 배우지 못했다. 여기에 대해 그들은 종종 성경적 '확신'이 약했고, 전략과 자원도 부족했다. 나는 지금도 가는 곳마다—지난 20년간은 30개 이상의 나라에서 사역해 왔지만—하나님의 부르심을 받아 깨어진 이들을 섬겨 왔고, 또 더 많이 섬기라는 긴급한 부르심을 받은 교회 지도자들을 만나게 된다. 이 책은 그러한 지도자들을 위해 썼지만, 동시에 자신들과 회중들이 더 넓고 더 깊은 섬김의 사역을 실천하기 원하는 교회 지도자들을 염두에 두고 쓴 책이기도 하다.

하나님의 계획은 우선적으로 지역 교회를 통해 각 개인들을 영적으로 구원하는 데서 시작된다. 그러나 하나님의 온전한 계획은 모든 열방을 제자로 삼는 것이 아니겠는가! 따라서 이 온전한 계획에 헌신한 교회들은 개인들을 그리스도에게 계속 인도할 뿐 아니라, 그들의 지역 사회에도 하나님의 평화(샬롬)를 가져다줄 수 있을 것이다. 이 책에서 우리는 교회를 향한 하나님의 원대한 계획의 관점에서 성경을 살펴보려고 한다. 이전에 복음주의적 사역을 했던 우리 선교회 스태프 중의 한 명은, "내가 이 성경 구절을 얼마나 많이 가르쳤는지 몰라. 그런데 그 구절 속에 더 넓은 의미가 있는 줄을 몰랐지. 이제 보니 그토록 광대한 의미를 갖고 있을 줄이야!" 라고 고백한 적이 있다. 이처럼 당신도 이 책을 읽으면서 그런 통찰을 갖게 될 것으로 믿는다. 이 책은 또한 섬김을 통한 변화에 대한 생생한 이야기들을 담고 있다. 이런 이야기들이 책 속에 여기저기 소개되어 있다. 이런 이야기들을 통해 "만약 예수님이 우리 지역 사회의 시장이라면 어떻게 하실까?" 라는 질문에 스스로 응답했던 전 세계의 수많은 교회들과 개인들 중 일부를 만나 보게 될 것이다. 나는 그 이야기들을 당신의 상황에 맞게 '각색' 해 보기를 권면한다. 수많은 지역에 있는 지도자들과 성도들의 열정과 헌신과 창의성에 주목해 보기 바란다!

나는 현재 하나님께서 전 세계적으로 진행시켜 나가시는 운동 가운데 단지 하나의 목소리가 되기를 겸손하게 희망한다. 그리고 나의 일생의 여정 가운데 지금 이 단계에서 하나님께서 내게 주신 통찰에 의한 비전을 나누고자 한다. 당신은 이 책에 나오는 하나님의 말씀을 읽고 성령님께서 내적으로 깨우쳐 주시는 것을 검토해 보기를 바란다. 브라질에 있는 우리 스태프 중의 한 명은 이 책 원고를 읽으면서 마치 나와 오랫동안 얘기를 하고 있는 것 같았다고 했다. 마찬가지로 당신과도 흥미 있는 긴 대화가 되길 바란다. 하나님께서 당신과 나에게 온 세계가 다 그에게 속한 것이라는 사실을 함께 숙고할 수 있는 기회를 주신 데 대해 기쁘게 생각한다.

밥 모피트

추신: 당신이 「If Jesus Were Mayor」란 책의 축약판인 이 책에 관심이 있고 가치가 있다고 생각되면, 이 책의 완역판도 읽어 보길 바란다(완역판은 「지역 사회를 변화시키는 희망의 사람들」이란 제목으로 출판되어 있음-역주).

제 1 부

시장의 과업

"… 뜻이 하늘에서 이룬 것 같이
땅에서도 이루어지이다"

- 마태복음 6:10

제 1 장 여정의 시작

나의 여정

하나님께서는 나에게 한 가지 열정을 주셨다. 그것은 그리스도의 몸—특히 지역 교회—이 하나님께서 창조 시 의도하셨던 위대한 목적을 알고 그것을 성취하는 것이다. 이것은 내가 어떻게 이런 열정을 갖게 되었는가에 관한 이야기이기도 하다. 이 이야기는 글자 그대로 비유적으로는 나의 여정에 관한 것이다. 이 이야기를 통해 당신은 내가 쓴 글의 관점이 무엇이며, 왜 사람들에게 예수님이 시장이라면 어떻게 하실까라고 자문해 보도록 촉구하고 있는지 이해하게 될 것으로 믿는다.

한 가지 내가 유의하는 것은, 교회를 향한 나의 열정이 교회의 머리이신 그리스도를 아는 것 이상이 되지 않도록 하는 것이다. 사도 바울이 빌립보 교회에게 말한 것처럼,[1] 나는 다른 어떤 것보다 그리스도를 더 알기 원한다. 나와 같은 어떤 열정을 가진 사람들은 사명을 주신 분보다 사명 자체에 더 집중하는 위험에 빠지기도 한다. 우리의 초점을 그리스도 이외의 것에 맞추면, 우리 사역의 영향력도 사라진다. 우리 선교 단체(하베스트)의 강점도 우리 사역에서 오는 것이 아니라, 우리에게 과업을 주신 그분에게서 오는 것이다. 주님, 우리를 도우셔서 주님을 먼저 바라게 하소서!

나는 목사의 자녀로 태어났다. 어릴 때부터 열다섯 살이 될 때까지 아버지는 미국 중부 로스앤젤레스에서 노동자들이 거주하는 지역의 한 침례교회에서 목회하셨다. 부모님은 로스앤젤레스 성경학교—현재 바이올라대학교—를 졸업하셨다. 바로 거기서 하나님은 그분들의 마음속에 세계 복음화를 향한 열정이 싹트게 하셨다. 부모님은 아프리카 선교사로 가기 위해 준비했지만, 그 대신 다른 사람들을 동원하여 파송하는 일을 하게 되었다.

그 교회당 내의 침례용 수조 위에 쓰여 있던 문구는 아직까지 내 맘속에 새겨져 있다: "모든 사람이 단 한 번의 복음도 들어보지 못했는데 어떤 사람은 두 번씩 복음을 들을 권리가 있는가?" 교회와 우리 가족은 선교사들을 후원하였고, 방문한 선교사들은 우리 집에 머물렀다. 그들은 나의 영웅들이었고, 나도 그들처럼 되기를 원했다.

내가 열다섯 살 되던 해에, 아버지는 애리조나 지역 침례회의 총무가 되셨다. 그는 교회 개척에 대한 비전이 있었기 때문에, 20년 총무 재직 기간 동안 1백 개 이상의 교회가 개척되었다. 세계 복음화와 교회 개척은 놀라운 유산이다. 그러나 나의 청년

시절에 겪은 어떤 경험 때문에 나는 까다로운 질문들에 대한 해답을 찾느라 고민에 빠지고 말았다.

나는 2년간 평화봉사단의 일원으로 아프리카 말라위에 있는 중고등학교에서 가르치게 되었다. 그곳은 어릴 때 많이 듣던 것들 중의 하나인 농촌의 미션스쿨이었다. 선교사들은 일을 훌륭하게 처리했다. 그 학교는 그 나라에서 학적 수준으로는 가장 우수한 학교들 중의 하나였다. 운영도 잘되고 행정도 효율적이었다. 선교사들은 분명히 학생들을 사랑했고 그들에게 복음도 전하려고 했다. 나도 역시 학생들이 예수님을 그들의 구주로 영접하길 원했고, 학생들을 위한 몇몇 선교사들의 아침 중보기도 모임에도 참여했다.

그러나 몇몇 학생들은 복음에서 멀어져 가고 있었다. 그들은 선교사들의 기독교가 반드시 아프리카 그리스도인들을 위한 기독교의 모습이 되어야 한다는 메시지—좋든 나쁘든 간에—를 선교사들이 전하고 있지 않다고 느낀 것이다. 학생들은 선교사들이 문화적 제국주의자가 아닌가라고 의심했고, 그 때문에 많은 학생들이 그들을 진심으로 사랑했던 선교사들의 문화와 신앙을 거부했다. 이 일로 인해, 나는 자신이 선교사로 부르심을 받았다고 믿고 있었음에도, 타문화권 전도에 대해 의문을 가하기 시작했다.

평화봉사단 활동을 마치고, 그 후 거의 2년 동안 선교가 무엇이며, 선교에서 나는 어떤 역할을 할 수 있는가에 대한 해답을 찾아 헤맸다. 먼저 아프리카의 사하라 사막 이남의 대부분 지역을 오토바이로 여행하면서 많은 선교사들을 만났다. 이 여행을 통해 두 명의 젊은 아프리카인을 만났는데, 이후로 이들은 신앙

안에서 나의 오랜 형제가 되었고, 지금은 자기들 나라에서 기독교 지도자로 활동하고 있다.

다시 나는 중동 지역을 거쳐서 이스라엘의 한 대학원에서 한 학기를 공부했다. 이듬해에는 벨기에로 가서 2기통짜리 중고 시트룅 자동차(프랑스인들은 이 차에 '못생긴 오리 새끼' 라는 별명을 붙였다)를 사서 인도까지 몰고 갔는데, 거기서 그만 다 망가지고 말았다. 여행의 마지막 즈음에는 남부와 동아시아의 아홉 개 나라를 돌아다녔다. 이 여행을 통해 수많은 선교사들과 현지 그리스도인을 인터뷰할 수 있었다. 나는 복음을 전파하는 데 어떤 사역이 효과가 있는지와 없는지를 알고 싶었다. 나는 다음과 같은 결론을 내리게 되었다. '타문화권 전도는 확실히 해야만 하는 일이지만, 가장 큰 효과가 있는 것은 선교사가 주인으로서가 아니라, 현지 교회에 대해 형제이자 종으로서 가는 것이다.' 나는 다시금 선교에 대한 부르심을 확인했다. 그리고 집으로 돌아오는 즉시 덴버에 있는 신학교에 입학하여 선교학을 공부했다. 그러나 미처 깨닫지 못하는 사이에 교회에 대한 나의 인상을 급격하게 바꾸어 버리게 될 어떤 까다로운 현실 속으로 빠져들고 있었다.

신학교에서는 학생들에게 지역 사회를 위한 사역에 참여할 것을 권했다. 나는 청소년 범죄자들—주로 흑인계와 히스패닉계 미국인들—에게 멘토를 연결시켜 주는 새로운 프로그램을 기획했다. 이 프로그램은 기독교적인 것이라고 표명했지만, 법원은 기꺼이 청년들을 보내 주었다. 내용은 이들과 장년 그리스도인들이 사랑의 교제를 나누면서 동시에 그리스도의 신앙을 전하는 것이었다. 즉, 위대한 계명[2]과 위대한 명령[3]을 통합할 수 있는 완벽한 기회였다. 신학교 교장은 지역 교회들에게 편지를 써 주었고, 나는 수백 명의 교인들에게 이 계획을 설명했다. 그런데 반응은 미미했다. 아마 그 당시 인종 간의 갈등 문제 때문에 사람들이 두려워했던 것 같았다. 다행히 같은 신학교 학우들이 나섰다. 열 명의 신학생들이 청년들과 일대일로 멘토링 관계를 시작했고, 결과는 좋았다. 법원은 더 많은 청년들을 우리에게 보내 주었다. 우리는 지역 교회 교인들이 동참해 주길 바랐지만, 거의 아무도 오지 않았다. 도움의 손길이 더 많이 필요했기 때문에, 할 수 없이 참여를 요청하는 비그리스도인 대학생들을 받아들였다. 우리 프로그램은 점점 성장해서 전국적으로 하나의 모델이 되었다. 그런데 이렇게 성장한 이유는 일차적으로 비그리스도인들이 나서서 도움이 필요한 청년들과 기꺼이 친구가 되어 주길 원했기 때문이었다. 나는 나의 전통적 유산인 교회에 대해 마음 깊은 곳에서부터 실망하고 말았다. 사랑에 대해 말은 하지만, 하나님의 사랑을 달리 접할 길이 없는 좌절한 청년들을 도우려 하지 않는 사람들로부터 나는 점차 멀어지게 되었다. 나는 주님을 사랑하지만 교회에 대해 분노가—그것도 아주 크게—치밀기 시작했다.

그처럼 좌절해 있던 어느 날, 하나님은 말씀하셨다. 말씀 묵상과 기도 가운데 하나님은 이렇게 말씀하셨다. "밥, 이것은 나의 교회, 나의 신부이다. 비록 문제가 있다 해도 나는 교회를 사랑한단다. 내 생명을 교회를 위해 주었기 때문이지. 네가 교회를 나의 사랑으로 사랑하기 전까지는, 나는 너를 통해 교회가 교회 되도록 하는 일에 너를 사용할 수가 없단다."

나는 내 영혼에 비수가 꽂힌 듯한 느낌을 받고 이렇게 고백했다. “주님, 용서해 주십시오. 저는 교회를 사랑할 수가 없습니다. 그러나 교회를 위한 주님의 사랑으로 저를 채워 주신다면 그렇게 하겠습니다.” 주님은 내 기도에 응답하셨다. 지금 나는 교회가 문제 가운데 있을지라도 사랑하고 있으며, 교회의 회복에 기여하려는 열정을 갖고 있다. 내가 선교에 부르심을 받지 않았었냐고? 그렇다. 나의 선교 사명은 교회를 섬기는 것이고, 교회가 가진 전통적 유산을 주장하도록 돕는 것이다. 나는 즉시 국제기아대책기구(Food For the Hungry International)에 가입하여 자원봉사프로그램을 창안하고 지도하는 일을 했다. 얼마 후 하나님은 그 다음 문을 열어 주셨는데, 바로 제2/3세계에 있는 교회들과 함께 일하는 기회였다.

우리의 여정

1981년에 나는 하베스트 선교회를 시작했다. 처음에 하베스트는 북미주 그리스도인들과 제2/3세계 그리스도인들이 서로 협력하게 하는 일을 했다. 많은 교회들이 서로 협력 관계를 맺었다. 또한 단체들 간에도 서로 연결시켜 주었다. 예를 들면, 도미니카의 보육센터와 미국의 유치원, 도미니카의 화상환자 치료센터와 미국의 간호학교, 하이티의 농업협동조합과 미국의 가정들 등이다. 이 협력 관계는 물질적으로 가난한 교회들과 단체들을 도와서 그들의 가난한 지역 사회 내에서 그리스도의 사랑을 드러내도록 하기 위한 것이었다. 수많은 좋은 프로젝트들이 시작되었다. 그러나 어떤 교회들과의 관계에서, 교회 지도자들이 북미주에서 온 지원 물자들을 서로 통제하려고 경쟁하는 모습을 보게 되었다. 제2/3세계의 한 교회는 지원받은 돈 관리 문제로 갈라지기까지 했고, 어떤 목사는 부패해지기도 했다. 또한 현지의 어떤 기독교 단체는 외부의 계속적인 지원이 없이는 대규모의 프로젝트를 유지할 수가 없었다—그런데 이것은 우리 사역의 목표가 아니었다!

1986년에 이르러, 하베스트의 이사회와 스태프들은 하나님 앞에 무릎을 꿇고 나아가야 할 방향을 간구했다. 그리고 하나님께서는 응답하셨다. 우리는 지역 교회—어떤 다른 기독교 단체가 아니라—에 초점을 맞추기로 하고, 현지 지역 사회의 외부에서 오는 자원에 의해 시작된 프로젝트들로부터 손을 떼기 시작했다. 그 대신 지역 교회 지도자들과 회중들에게 말과 행위로 믿음을 드러내 보여 주라는 성경의 명령으로 훈련시키는 일에 집중하기 시작했다.

처음에는 남미와 카리브해 연안에 있는 5개 국가에서 시도했다. 결과는 놀라웠다! 교회들이 그들의 노력을 하나님께서 배가시키는 것을 목도한 것이다. 교회가 하나님의 사랑을 행동으로 보였을 때, 이전에는 무관심했던 지역 사회 주민들이 그리스도께로 돌아온 것이다. 교회는 성장했고, 지역 사회에 영적이고도 신체적으로 영향을 주기 시작했다. 이 소문은 선교 단체들에게 전해졌다. YWAM(Youth With A Mission)이 우리를 초청하여 지역 사회 개발 팀을 훈련시켰다. 1997년에 하베스트는 국제기아대책기구와 비공식적으로 협력하기 시작했다. 이 협력으로 인해 하베스트는 40개 이상의 나라에서 교회와 교회 관련 선교 단체들을 훈련시키면서, 성경적 전인 사역(Biblical Wholistic Ministry)[4]에 대한 비전과 전략을 전수해 줄 수 있었다. 우리 훈련 교재는 현지인들에 의해 20개 이상의 언어로 번역되었다. 15개 국가에서는 현지인들이 이 사역을 홍보하는 그룹들을 조직했다. 이 사역은 간단히 말하자면, 교회와 지역 사회를 변혁시키는 것이다. 하나님께서는 이 일을 참으로 경이롭게 행해 오셨다.

확장되는 우리의 여정

교회를 향한 하나님의 의도는 불변하지만, 그분이 예비하신 나의 길을 계속 가는 동안 나의 생각은 변하고 있다. 국제기아대책기구와의 협력은 훈련 기회를 확장시켰을 뿐만 아니라, 우리의 생각 또한 넓혀 주었다.[5] 우리는 교회가 지역 사회에 영향을 줄 뿐만 아니라 나라를 제자로 삼아야 한다는 것을 깨닫게 되었다. 또한 예수님이 마치 시장이신 것처럼 우리가 나라를 제자 삼고 지역 사회를 섬기려면 성경적 세계관을 필수적으로 알아야 한다는 것도 깨닫게 되었다. 세계관이란 간단히 말해서 사람들이 세상과 세상이 어떻게 운행되는지를 인식하는 일련의 전제들이다. 성경적 세계관은 인간이 깨어진 종족이란 사실을 가르쳐 준다. 하나님의 간섭이 없이는 희망이 없다. 그러나 하나님의 복음 속에는 우리의 깨어짐을 치유할 수 있는 소망이 들어 있다. 이것이 우리가 갖고 있는 세계관이다.

… 자, 이제 시장 되신 예수님을 만나 보자!

제 2 장

만약 예수님이 시장이라면

하나님의 계획에 대한 비전을 찾아서

"만약 예수님이 시장이라면 당신의 지역 사회는 어떻게 변할 것인가?"[1] 나는 세계 어디를 가든지 우리 컨퍼런스에 참석한 목회자들과 교회 지도자들에게 종종 이 질문을 던진다. 그들의 대답은 그들의 지역 사회의 일에 교회가 동참하려는 비전을 갖게 하는 데 도움을 주게 된다.

성경은 분명히 말씀한다. "묵시가 없으면 백성이 방자히 행하거니와."[2] 만약 청년이 자신의 미래에 대한 비전이 없다면, 그들의 삶을 어떻게 보내야 할지를 모르게 된다. 그들은 삶의 방향이 불확실해지고, 성취하는 것도 거의 없게 된다. 그러나 미래에 대한 비전을 가진 청년들은 그들의 시간을 선용하거나 어떤 결정을 내리는 데 아무 문제가 없다. 그들의 삶은 미래 비전을 중심으로 조직화될 것이다. 마찬가지로 비전이 없는 교회는 겨우 현상 유지만 하게 될 것이다. 그리고 주위 지역 사회 가운데 하나님 나라를 확산할 수 있는 영향력도 갖지 못하게 될 것이다. 그러나 비전이 있는 교회는 이 땅에서뿐만 아니라 영원한 세계에서 가치 있는 일을 할 수 있는 기회를 얻게 된다. 이 비전은 단지 어떤 하나의 비전이 아니라, 하나님께서 창조하시고 사랑하시는 인간과 이 세상을 향한 하나님의 비전이다.

여기서 던지는 질문은, 예수님이 문자 그대로 육체를 입으시고 지역 사회 지도자로 재림하시는 것을 상상하는 것은 아니다. 그 대신 예수님의 인격, 가치, 법, 가르침이 우리 지역 사회를 위한 통치의 기준이라면, 어떤 일이 일어날 것인가를 상상해 보는 것이다. 예수님이 시장이 되신다는 개념은, 만약 예수님의 뜻이 우리 지역 사회와 사회 가운데 실현된다면 어떻게 될까를 생각해 보는 데 도움을 준다는 의미이다. 물론 예수님께서는 이 땅에 정치적 왕국을 세우시지 않았다.

우리는 시장 되신 예수님이 어떤 일을 하실지 정확하게 알 수는 없지만, 성경을 연구하면서 이것이 우리 지역 사회에 무엇을 의미하는지 가르쳐 주시도록 성령님께 물어볼 수 있다. 우리는 하나님의 말씀과 성품을 알아야 하고 음성을 들어야 한다. 시장이 되신 예수님이 하실 일은 지역 사회를 향한 하나님 아버지의 뜻을 반영할 것이다. 예수님은 항상 아버지의 뜻을 행하셨다.[3] 예수님은 하나님 아버지께 이렇게 기도하라고 가르치셨다: "나라이 임하옵시며 뜻이 하늘에서 이룬 것 같이 땅에서도 이루어지이다."[4] 하나님은 그분의 뜻이 하늘에서 이루어진 것처럼 땅에서도—바로 지금—이뤄지길 원하신다. 이유는 그가 창조하신 우리와 세상을 사랑하시기 때문이다. 그분은 우리를 위해 가장 좋은 것을 원하신다. 뒤에 가서 나오지만, 그분은 모든 만물이 그와 화목되기를 원하고 계신다.

상상해 보자. 하나님의 뜻이 하늘에서 이뤄진 것같이 땅에서도 이뤄진다면 무슨 일이 일어나겠는가. 이것을 다른 질문으로 바꿔 보자: "오는 월요일 아침 9시부터 우리 지역 사회의 모든 사람들이 하나님의 뜻대로 살게 된다면 무슨 일이 일어날 것인가?"

- 만약 개인적으로 내 주위와의 관계, 내 몸을 돌보는 일, 하나님과 동행하는 삶에서 하나님의 뜻에 전적으로 순종한다면 내게 무슨 일이 일어날 것인가?
- 만약 우리 가족들이 서로간의 관계에서 하나님의 뜻에 온전히 순종하면 무슨 일이 생길까?
- 만약 우리 교회의 모든 지도자들과 성도들이 진정으로 서로 사랑하고, 섬기고, 연약한 자를 돌보고, 하나로 연합한다면, 우리 교회와 우리 지역 사회의 다른 교회들 안에 어떤 일이 일어날까?
- 만약 우리 지역 사회 지도자들이 정직과 언행일치의 자세로 공동의 선을 위해 함께 일한다면 지역 사회에 무슨 일이 일어날까?
- 만약 우리의 사업계에 속임수, 부정직, 부패가 사라진다면 무슨 일이 일어날까?
- 만약 어린이들이 부모를 존경하고 그들에게 순종한다면 무슨 일이 일어날까?
- 만약 우리나라에 모든 부패가 사라지고 참된 정의가 이뤄진다면 어떤 일이 일어날까?

오래전 언젠가 온두라스의 어떤 빈민 지역에서 목회자들과 기도하며 대화하고 있을 때였다. 갑자기 하나님께서 내게 한 가지 이야기를 떠오르게 하셔서 그들에게 전해 주었다. 이야기를 마친 후에, 우리는 총체적으로 변화된 문화를 위한 하나님의 비전에 대해 함께 논의해 보았는데, 그것은 내게 결코 잊을 수 없는 하나의 여정이었다. 이제 다음에 나오는 '후안 목사의 비유' 이야기에 귀를 기울여 보자.

후안 목사의 비유

후안 목사는 하나님으로부터 급성장하고 있는 한 도시의 교회가 없는 지역에서 교회를 개척하라는 부르심을 받았다. 그는 출퇴근을 위해 매일 버스를 탔는데, 버스는 늘 라스팔라스라는 빈민 지역을 지나다녔다. 그는 사역 훈련이라곤 별로 받은 게 없었고, 기껏 통신성경학교 과정을 마쳤을 뿐이었다. 가진 것이래야 사람들에게 예수님을 전해야겠다는 열정뿐이었다.

후안은 아내와 상의한 뒤, 어린 두 딸과 함께 라스팔라스로 이사했다. 그들은 방 한 칸짜리 판잣집을 얻었다. 수도, 전기, 학교, 병원 등은 아무것도 없었다. 거리는 지저분했고 사람들은 가난했다. 집들은 양철, 폐타이어, 마분지, 낡은 판자 그리고 쓸 만한 것들을 주워서 만든 것들이었다. 힘든 삶이었지만 후안과 그의 아내는 하나님께서 여기서 사역하라고 불러 주신 것으로 믿었다.

후안은 낮에는 일하고 밤에는 이웃집을 방문하거나 그들을 초대하여 함께 성경을 공부했다. 주말에는 목사로 활동하였다.

몇 달 만에 여자와 아이들이 매 주일 후안의 단칸방에 모이기 시작했다. 몇 달이 더 지나자, 모임을 위해 방 한 칸을 따로 마련하게 되었다. 이제 여성도와 수많은 아이들이 스무 명 남짓 모이게 되었다. 하지만 안타깝게도 남자는 한 명도 없었다. 그 지역의 남자들은 후안을 좋아했지만, 종교는 여자와 아이들이나 믿는 것이라고 생각했던 것이다.

후안은 신실하고 사랑받는 목사였다. 그는 매일 아침 일찍 일어나 사람들을 위해 기도하고 성경을 연구했다. 1년 뒤, 좋은 교제 모임으로 발전했지만, 그다지 큰 성장은 없었다. 그런데 후안과 아내는 열악한 생활환경 때문에 몸이 약해지고 있다는 것을 깨닫게 되었다. 어린 두 딸은 자주 아팠지만, 병원에 데리고 갈 돈도 없었다. 그는 점점 지쳐 갔다.

어느 날 새벽 네 시에 후안은 일어났다. 여느 때와 같이 아내와 아이들을 깨우지 않으려고 조용히 일어났다. 그리고 방을 나누어 쓰려고 매어 단 커튼을 걷고 한편으로 갔다. 그는 의자에 앉아 우유 깡통으로 만든 호롱불에 불을 붙였다. 그리고 성경을 펴서 읽기 시작했다. 그날은 이사야 58장을 읽었다. 배고픈 자, 헐벗은 자, 집 없는 자, 억압받는 자를 향한 하나님의 사랑에 대한 내용이었다. 그는 마음속으로 조용히 하나님께 외쳤다. "성경에서는 하나님이 불쌍한 자들을 보살피는데 왜 이곳 라스팔라스에서는 그렇지 않죠?" 불쌍한 사람들을 생각하자 후안은 가슴이 아팠고, 기도를 하자 눈물이 그의 얼굴을 타고 흘러내렸다. 실제 상황과 성경 말씀은 왜 이렇게 다를까 하고 생각하고 있는데 갑자기 누군가 문을 두드렸다.

후안은 문 쪽으로 다가갔지만 문을 열지는 않았다. 어두울 때 아무에게나 문을 열어 주는 것은 위험하기 때문이다. "누구세요?" 후안은 속삭이듯 말했다. 그러자 부드러운 목소리가 바깥쪽에서 들려왔다. "후안, 나는 예수란다." "누구요? 진짜 누구죠?" 후안이 물었다. 그러자 다시 한번 목소리가 들려왔다. "나는 예수라니까. 후안."

목소리가 너무 부드러워서 후안은 정말 예수님이라고 믿을 정도였다. 그는 자물쇠를 열고 조심스럽게 문을 조금만 열었다. 어둠 속에서 한 남자의 희미한 윤곽이 보였는데, 그다지 무서워 보이진 않았다. 후안은 문을 활짝 열고 말했다. "들어오세요."

하지만 예수님이 말했다. "아니다, 후안. 오늘 아침 너의 기도를 들었다. 네가 마음 아파하는 라스팔라스의 모습을 나에게 보여 주었으면 해서 왔다." 후안은 재빨리 그리고 조용히 밖으로 나왔고, 순순히 순종하는 자신의 모습에 스스로 조금은 놀랐다. 그는 문을 닫고는 말했다. "좋아요, 예수님. 그런데 제 옆에 바짝 붙으세요. 지금은 장마 기간이기 때문에 여기저기에 웅덩이가 있거든요."

"그래, 후안." 예수님이 말했다. "너를 따라가마." 그들은 꾸불꾸불한 길을 따라 내려가기 시작했다. 길을 걸어가며 후안은 예수님께 말했다. "예수님, 저쪽 판잣집에는 말이죠. 이혼한 여성이 살고 있는데, 자기 집에서 어린 자식들이 보는 앞에서 몸을 팔아요. 먹을 것을 사기 위해서죠." 그들은 조금 더 걸어갔다. "저 판잣집에는 가족이 살고 있는데, 남자는 알코올중독자예요. 술에 취해 집에 돌아와 아내와 아이들을 때리죠. 그가 고함치면 온 동네가 시끄러워요. 예수님, 고함 소리를 참기가 어렵지만 제가 할 수 있는 일이라곤 아무것도 없어요." 조금 더 걸어가서 후안이 말했다. "이곳을 지나갈 때는 코를 막으세요. 여기에 사람들이 쓰레기를 버리거든요." 쓰레기 더미 사이로 쥐가 돌아다니는 소리가 들렸다.

그리고 후안은 또 다른 집을 가리켰다. 거긴 다른 집보다는 컸다. "이곳은 소위 라스팔라스의 '대통령' 이 사는 곳이에요. 이 사람은 자신의 권력을 자랑스럽게 생각하죠. 돈을 모아서 사람들에게 수도와 전기를 설치하겠다고 말하곤 해요. 하지만 그 돈으로 술과 여자들을 만나는 데 탕진한다는 것을 모두가 알고 있죠." 후안은 모퉁이를 돌아 내리막길로 내려오면서 언덕 아래에 있는 한 집을 가리켰다. "예수님, 이 집은 이 동네에서 가장 절망적인 곳이에요. 여기 사는 여자와 세 아이는 남편으로부터 버림받았었죠. 그리고 비가 올 때마다 흙탕물이 이 집을 덮쳐요. 바닥에서 자다가 비가 오면 그녀는 아이들이 떠내려가지 않게 붙잡아야 해요!"

이때 후안은 누군가 흐느끼는 소리를 들었다. 주위를 돌아보니, 예수님의 어깨가 흔들리고 있었다. 예수님이 울고 계셨던 것이다. 후안은 예수님이 자기와 똑같이 마음 아파하는 것을 보았다! 예수님은 뒤를 돌아보며 말했다. "후안, 이제 라스팔라스에 대한 나의 뜻을 보여 주마."

후안은 순간 자기도 모르게 예수님과 함께 라스팔라스 동네를 내려다보고 있었다. 동네 전체가 한눈에 들어왔다. 예수님은 주택에 대해서 말씀하시기 시작했다. 그러자 갑자기 판잣집들이 조그마하고 아늑한 집으로 바뀌었다. 화려하진 않았지만 그런대로 좋았다. 예수님이 일자리에 대해서 말씀하시자, 사람들이 일터로 가는 것이 아닌가. 보수가 높지는 않지만, 가족들을 부양하기에 충분한 돈이었다. 이번에는 예수님이 수도에 대해 말씀하셨다. 그러자 수도관이 적절한 곳에 설치되고 모두가 깨끗한 물을 사용하는 모습이 보였다. 예수님이 교육과 보건에 대해 말씀하셨다. 그러자 후안의 바로 눈앞에 학교와 병원이 생겼다. 예수님이 청결에 대해 말씀하셨다. 그러자 쓰레기가 사라지고, 아이들이 나무와 꽃이 가득한 곳에서 뛰어노는 것이 아닌가! 예수님이 건강한 가족에 대해 말씀하시자, 남편과 아내와 아이들이 서로 존중하고 사랑하는 가족들의 모습이 나타났다. 그리고 예수님은 영적 치유에 대해 말씀하셨다. 후안은 자신의 교회가 가득 차고 남자들도 함께 있는 것을 보게 되었다. 후안은 날아갈 것 같았다! 그리고 이렇게 생각했다. '이게 바로 내가 원하던 동네야!'

물론 예수님께서 그의 마음을 읽고 말씀하셨다. "후안, 이것이 바로 라스팔라스를 향한 나의 뜻이란다. 사람들에게 나의 계획을 말하고 그 계획을 이루고 싶구나." "하지만 예수님." 후안은 반박했다. "저는 못합니다! 어떻게 우리 작은 교회가, 그것도 여자와 아이들밖에 없는 우리가 이 일을 감당합니까? 우리는 하루하루 살아가는 것도 벅차다니까요!"

"후안, 잘 들어라. 네가 이곳 사람들에게 내 계획을 알려주고, 너희 교인들을 인도해서 이웃들을 섬기기 시작했으면 좋겠구나. 아픈 사람들, 이혼녀들을 찾아가서 그들과 아픔을 나누도록 해라. 교인들은 쌀 한 컵, 비누 한 조각, 설탕, 소금, 채소 몇 쪽 그리고 옷가지들을 주일날 교회로 가지고 오는 거지. 그것들을 모아서 정말 도움이 필요한 사람들에게 갖다 주거라. 매주 이 일을 해야 돼. 그리고 너는 시청 공무원들과 좋은 친분을 쌓거

라. 그래서 수도와 전기 시설을 설치할 수 있는 길을 찾아보고….”

“예수님.” 후안이 말했다. “우리 좀 현실적으로 생각해 보죠. 이런 것 따위로 상황이 변하진 않는다구요. 난….”

“후안, 누가 세상을 창조했지?”

“주님이시죠, 하지만….”

“후안, 누가 홍해를 갈라 이스라엘 민족이 바다를 건널 수 있었지?”

“주님이요, 그런데….”

“후안, 누가 떡 다섯 조각과 물고기 두 마리로 오천 명을 먹였지?”

“주님이요, 그러나….”

“후안, 나는 어제도, 오늘도, 그리고 영원히 동일하단다. 넌 네 할 일을 하렴. 나머지는 내가 다 하는 거야. 내가 다시 올 때까지 네가 다 못할 수도 있겠지만, 나는 적어도 네가 그 일을 시작하길 바란다. 너와 너의 작은 교회가 나의 대사이자 대리인들이야. 네가 순종하면, 내가 라스팔라스를 치유해 줄게.”

후안은 예수님의 말씀을 곰곰이 생각해 보았다. 이때 갑자기 닭 우는 소리가 들렸다. 아내가 커튼 저쪽에서 일어나는 소리가 들렸다. 그는 주위를 돌아보았다. 그는 의자에 앉아 있었고 등잔불은 꺼져 있었다. 날이 밝았다.

후안은 예수님을 찾았지만, 아무도 없었다. ‘어떻게 된 거지?’ 후안은 생각했다. ‘환상을 보았나? 꿈이었나?’ 무슨 일인지 알 수 없었다. 하지만 한 가지 분명한 건 예수님이 자신을 만나주셨다는 것이다. 그리고 이제 후안 목사는 교회와 지역 사회에 대한 새로운 비전을 갖게 된 것이다.

이 이야기가 후안 목사의 지역 사회와 다른 지역 사회들을 향해 예수님께서 원하시는 것이라고 나는 믿는다. 사실 이 비유를 통해 많은 나라의 지역 교회 지도자들이 비전과 희망을 갖게 되었다.

여기까지 오는 동안 당신에게 여러 질문들과 한 가지 비유를 던졌다. 어쩌면 당신은 이제 이 질문을 이미 생각하기 시작했는지도 모른다: "만약 예수님이 시장이라면 우리 지역 사회는 어떻게 변할까?" 이제는 당신에게 내 생각을 소개하고 싶다. 만약 예수님이 시장이라면 그분은 여러 가지 일들을 하실 것으로 상상해 본다.

- 예수님은 하나님 아버지의 뜻이 이뤄진다는 것이 무엇을 의미하는지를 모본으로 보여 주시는 삶을 살고자 하셨다.
- 예수님은 교회의 성도들을 도우셔서 그들이 그들의 역할을 이해하고, 예수님의 모본을 따르고, 하나님 아버지의 교훈을 따라 살며, 어디에 가든지, 살고 있는 지역 사회에서 무슨 일을 하든지 아버지의 뜻을 의도적으로 확산시키시려고 할 것이다.
- 예수님은 지역 사회로 하여금 지역 사회 내 모든 삶의 영역—사업, 교육, 건강, 치안, 주택 및 모든 다른 영역들—을 향한 하나님 아버지의 뜻을 알게 하실 것이다.
- 예수님은 하나님 아버지의 계획을 따르는 데서 오는 유익—또한 무시하는 데 따른 위험—을 열심히 설명해 주실

것이다. 그분은 주민 개개인에게 그 계획을 받아들일지 혹은 거부할지를 선택하도록 하실 것이다.

하나님의 뜻을 발견하고 실행하는 것은 큰 과제가 아닐 수 없다! 예수님은 물론 육체적으로 우리의 시장은 아니다. 그분은 후안 목사에게 하신 것처럼 집 대문을 두드리고 그분의 비전과 긍휼함을 보여 주시지는 않았다. 이 때문인지 우리 동역자 중의 한 사람은 예수님을 지역 사회의 관리로 상상하는 것을 어려워하면서, 원래의 질문을 다르게 만들어 보았다. "만약 내가 시장이 되어 성령님의 능력으로 예수님의 뜻을 수행한다면 우리 지역 사회는 어떤 모습이 될까?"

이것은 대단한 질문으로서, 해 볼 만한 가치가 있지 않은가. 그러나 이 과업은 한 사람이 수행하기에는 너무 과중하다. 만약 어떤 단체—즉 사람들이 모인 그룹—가 있어서 이 일을 할 수 있도록 준비만 된다면, 우리 지역 사회의 모든 계층에서 온 사람들이 모여서 이뤄진 그룹이고, 올바른 윤리적 기준을 갖춘 그룹이면서 모든 세대와 하나님의 창조의 모든 영역—개인들, 가족들, 이웃들, 지역의 사업체들, 지역 정부, 교육, 보건 및 기타 물리적 영역들—을 대표하는 그런 단체가 있다면 어떨까?

실제로 그런 그룹이 존재하고 있다! 바로 교회라고 부르는 곳이다! 교회는 다양한 구성원들을 통해 각 영역에서 하나님의 뜻을 주도하고 진전시키기 위해 이 땅 위에 배치된 유일한 기관인 것이다.

우리는 이 장을 시작하면서, "만약 예수님이 시장이라면 어떻게 하실까?" 라고 질문했었다. 아마도 이 질문을 다르게 해 봐야 할 것 같다. "만약 예수님이 그분의 백성인 교회를 통해 섬기신다면 어떻게 하실까?" 하나님은 이미 교회로 하여금 그의 백성이 살면서 일하고 있는 지역 사회 내의 모든 영역에서 그의 뜻을 경영해 나가도록 위임하셨다. 교회인 우리는 하나님의 뜻이 하늘에서 이뤄진 것처럼 땅에서도 이뤄지도록 섬겨야 한다. 그렇게 할 때, 우리의 노력은 역사 가운데서 실천해 왔던 기독교 교회의 행적들을 좇아가는 셈이 된다. 초대 교회 시대로부터 하나님의 백성들은 이웃을 돌보았고, 그들 주위의 사회에 영향을 끼쳐 왔다. 마치 예수님이 시장인 것처럼.

제 2 부

교회를 통한 문화적 변혁

성경적 및 역사적 근거

이는 이제 교회로 말미암아
하늘에서 정사와 권세들에게
하나님의 각종 지혜를
알게 하려 하심이니

- 에베소서 3:10 (강조는 필자)

서언

"예수님이 시장이라면 어떻게 하실까?" 이것은 이 책에서 묻는 핵심적 질문이다. 이웃에 대한 조그만 친절이라든지, 오래전 대영제국에서의 노예제도 폐지운동이라든지 모두가 대답 안에 포함될 수 있다.

여기서는 다른 질문을 한번 해 보자. 교회를 위한 하나님의 역할은 무엇인가? 하나님으로부터 어떤 사회 내에 배치를 받은 교회는 그 사회에 어떻게 기여해야 할까? 우선적으로 잃어버린 영혼들을 그리스도 앞으로 인도하는 것인가? 성도들을 영적으로 가르치고 훈련시키는 일인가? 사회의 약자들을 옹호하고, 고통받는 자들을 섬기며, 하나님께서 가중히 여기시는 사회 불의를 지적하는 것인가? 아니면 영적 구원에서 시작하여 사회의 문화를 지속적으로 변혁시켜 나가는 보다 넓은 목적을 수행하는 것인가?

이어질 여러 장을 통해, 우리는 세상에서 변화 주체(Change Agents)인 교회의 역할에 대한 성경적이며 역사적인 근거들을 살피고자 한다. 우리는 성경을 통해 원리를 찾고 역사를 통하여 실천된 원리를 살펴볼 것이다. 이것을 기초로 하여, 이 책의 나머지 내용들을 뒷받침하게 될 것이고, 교회가 이 일을 할 수 있도록 무장시켜 줄 것이다.

예수 그리스도의 교회는 하나님의 중추적 기관으로서, 세상에서 하나님의 의도를 대표한다. 이것을 믿기 때문에, 우리는 교회가 존재하는 사회와 문화 가운데서 괄목할 만한 변혁이 일어날 것으로 기대하게 된다. 분명히 역사적으로 교회는 존재했던 당시의 문화들을 형성해 나갔다. 하지만 오늘날은 얘기가 좀 다르다. 기독교 교회는 전 세계적으로 급격하게 성장했지만, 너무나 자주 사회에 대한 영향은 눈에 잘 띄지 않는다. 심지어 인구의 거의 반이 그리스도인이라고 고백하는 문화권에서조차도, 정부와 사업계는 부패하고, 사람들은 하나님이나 서로를 존중하지도 않고, 민족들과 종족들은 서로 다투고 있다. 비극적인 것은 인구의 대다수가 그리스도인이라고 고백하는 국가들에서는 대량학살이 일어나기도 했다.

왜 교회는 주위의 문화를 변혁시키지 못했을까? 전 세계적 차원에서 볼 때, 아마도 핵심적 문제는 성경에 나타난 교회를 향한 하나님의 의도를 제대로 이해하지 못하기 때문일 것이다. 바로 이 점에 유의해 주기 바란다. 교회의 역할에 대한 성경적 이해가 부족하다면, 예수 그리스도의 교회는 하나님의 의도를 성취할 수 없거나, 하나님의 의도를 위한 열정조차 가질 수 없게 될 것이다.

이 시대의 많은 교회들은 그들의 일차적 사명은 그리스도의 위대한 명령을 완수하는 것이라고 말할 것이다. "가서 모든 족속으로 제자를 삼아 아버지와 아들과 성령의 이름으로 세례를 주고 내가 너희에게 분부한 모든 것을 가르쳐 지키게 하라."[1] 하지만 종종 교회들—신학적으로 보수이든 자유주의이든—은 위대한 명령의 온전한 의미를 붙잡지 못했다.

개신교회의 보수 진영은 위대한 명령이 전도와 교회 개척과 관련된 것으로 이해하지만, 그것이 또한 모든 종족을 왕이 되신 그리스도의 주권 하에 살도록 제자로 삼을 것을 명령하고 있음을 거의 깨닫지 못한다(여기서 '보수'의 의미는, 성경이 하나님의 계시된 말씀이고, 개인의 영적 구원이 본질적이라고 믿는 복음적, 은사중심적, 오순절적 및 몇몇 전통적 신앙노선을 뜻한다).

자유주의적 교회 진영은 교회가 강력한 사회적 영향을 끼쳐야 한다고 하면서도, 개인 영혼의 중생의 중요성은 강조하지 않는다('자유주의적' 교회는 성경을 믿지만, 보수 진영에 비해 덜 권위적인 것으로 해석하는 많은 주요 교단들과 교회들 및 기관들을 포함한다. 이들의 주요한 교리들 중의 하나는 교회는 사회의 약자들을 위해 대변하고 사역해야 할 상당한 사회적 책임을 갖고 있다는 것이다).

그런데 양대 진영의 교회들 모두가 위대한 명령의 폭넓은 의미를 온전히 이해하지 못하고 있다! 성경은 명확하게 교회를 향한 하나님의 목적으로 전도보다 더 넓다고 말한다. 그것은 교회 개척보다도, 그리고 영적 제자훈련보다도 더 넓고 더 깊다. 또한 그것은 사회 불의를 외치는 것보다 더 크다. 굶주린 자를 먹이는 것보다 더 광대하다.

말하자면 하나님의 전략은 복된 소식을 선포(Proclamation)할 뿐 아니라, 입증(Demonstration)하는 것, 둘 다를 위한 것이다. 이 책에서 나는 일차적으로 입증에 대해 서술하려고 하지만, 사실 두 가지 모두 복음 전파에서 중심적 역할을 한다. 성 프란시스가 이 점을 잘 지적했다. "항상 복음을 전파하라. 그리고 필요할 때에는 말(Words)을 사용하라."[2] 이제는 점점 더 많은 교회들이 이 말을 이해하기 시작했다.

성경의 권위를 믿는 신자들은 그들의 믿는 바가 하나님의 말씀 가운데 분명히 나와 있다고 믿을 때, 그것을 수용하고 실천한다. 그들은 자세를 가다듬고 어떻게 하나님께서 원하시는 성도와 교회가 될 수 있을지를 배우려고 기다린다. 나는 이런 사람들에게 큰 소망을 갖고 있다. 그리고 그리스도께서 머리가 되셔서 그분의 교회를 계속 인도해 가실 것이다!

제 2 부를 위한 전제들

전제란 기초 원리이자, 추론과 행동의 기본이다. 그래서 전제들이 우리가 어떻게 생각하고 행동해야 할지를 결정한다. 우리에게 있어서는 전제들이 세상, 하나님, 성경, 교회에 대한 우리의 사고를 형성하고 자극하여 교회의 사명을 수행하게 하는 것이다.

전제 1: 세상은 심각하게 깨어져 있다. 인간의 지혜와 물질적 자원으로는 치유할 수 없다.

전제 2: 국가나 사회의 치유는 하나님의 백성들이 그분의 가르침대로 순종하며 살 때 이루어진다. 이는 결과적으로 하나님께서 인간 역사 속에 초자연적으로 개입하시는 것과 같은 것이다.

전제 3: 성경은 우리의 치유를 위한 하나님의 계시이다.

전제 4: 교회는 타락[3]으로 인해 깨어진 모든 것을 치유하시려는 하나님의 목적을 완수하기 위한 하나님의 중추적 기관이다.

이러한 전제들이 당신에게 동기를 부여하여 당신과 당신의 교회가 하나님의 원대한 계획—즉, 예수님이 시장이신 것처럼—을 수행할 수 있는 비전을 붙잡게 되기를 기도한다.

주요 개념들

문화(Culture): 우리가 어떤 개인들이며 어떤 사회인가를 정의해 주는 모든 삶의 양식. 문화 속에는 우리가 다음 세대에 전수하는 행동, 행동 양식, 신념, 사고, 제도, 가치, 습관, 전통, 관습, 특징 등이 포함되어 있다.

사회(Society): 공통된 제도, 관계, 문화로 인해 독특하게 구별되는 특징을 가진 사람들의 집단. 문화는 사회가 어떻게 생각하고 움직이는지를 정의해 준다. 만약 우리가 사회를 변혁시키기 원한다면, 그 사회의 문화를 변혁시켜야 한다.

변혁(變革, Transformation): 본질과 특성의 실제적인 변화. 성경적 변혁은 사람들을 하나님의 의도에 맞도록 일치시키는 것이다.

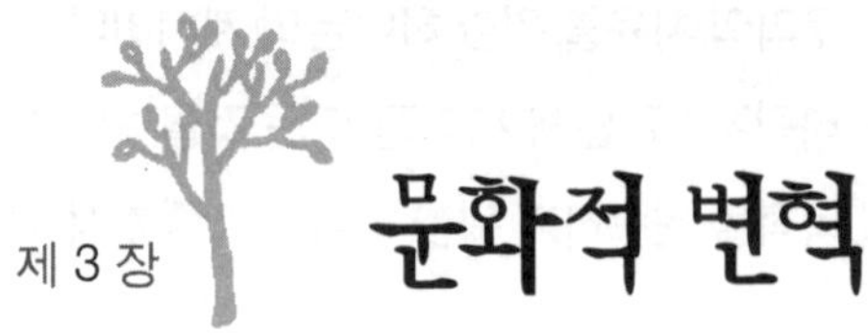

제 3 장 문화적 변혁

역사 속의 교회

이 장은 사회 속의 교회의 역할에 대한 '역사'(History)일 뿐만 아니라 그분의 역사(HIS-story)이다. 즉 하나님께서 하나님의 세상 안에서 일하시면서 세상을 구속하시는 하나님의 이야기이다.

역사를 통해 교회는 사회적 및 문화적 변혁을 핵심적 사명의 일부로 늘 이해해 왔다. 아마 당신 주위의 교회는 이 사실을 믿지 않을지도 모른다. 만약 그렇다면, 이제 당신은 과거 수많은 세대 동안 교회가 얼마나 세상에 영향을 미쳐 왔는지를 알게 되고 도전을 받게 될 것이다. 성경에서 예수님께서는 사람들을 가르치셨을 뿐 아니라 선한 일을 행하셨다고 말한다. 이러한 예수님의 의도는 전도와 사회적 관심이 서로 긴밀하게 연관되어 있음을 의미하는 것이며, 교회는 역사 속에서 수많은 시대에 걸쳐 예수님의 의도를 반영해 왔다.

이러한 그분의 이야기를 이해한다면, 오늘날의 교회가 가진 잠재력이 어떤 것인지를 알게 될 것이다. 여기 나오는 이야기들은 하나님과 이웃을 사랑하고 그들의 세계 안에서 빛과 소금이었던 사람들의 이야기이다. 이것이 바로 우리의 전통이다. 그들은 우리 신앙의 선조들이다. 이것이 바로 우리의 교회다![1)]

초대 교회

초대 교회에서 예수님의 추종자들은 예수님의 임박한 재림을 고대하고 있었다. 그들은 믿음과 열정과 사랑으로 충만하여 열심히 각자 가진 것을 서로 나누었다. 그들의 관대함은 심오한 영향을 주위에 끼쳤다. 불신자들이 이를 목도하고 영향을 받았으며, 그처럼 겸손한 신자들의 희생적인 헌금과 봉사로 인해 복음의 확산을 위한 기초가 세워지게 되었다. 2세기와 3세기에 걸쳐 교회는 북아프리카, 아라비아, 인도로 확산되었으며, 15세기 말까지는 전체 희랍—로마 세계에까지 확장되었다.

또한 초대 교회는 수천 명의 신자들이 핍박과 처형을 당했다. 그럼에도 교회는 성장했다.

교회가 어떻게 로마를 변화시켰는가

예수님은 소수의 추종자들에게 온 세계에 다니며 복음을 전하라는 책임을 맡기셨다. 그들은 그렇게 했고, 하나님은 보잘것 없고, 처형당하고, 핍박받고, 거부당하고, 욕을 당하는 120명 문도들이[2)] 전한 메시지를 사용하셔서 로마 제국을 변화시키셨다.

사실 이것은 지난 2천 년 동안 서구 문화 가운데서 가장 위대한 문화 변혁이라고 불리어져 왔다.[3)]

예수님은 또한 소수의 제자 무리들에게 예루살렘에서 기다리라고 명령하셔서 그들이 성령 충만을 받고 권능을 받아 무장되고 고무되어 담대함을 얻게 하셨다. 그리고 그들의 순종으로 인해 교회가 시작되었다. 하나님 자신은 친히 그분의 백성을 통해 일하신다. 이것이 과거나 현재나 교회가 세상에 영향을 줄 수 있는 가장 중요한 원인이다. 그런데 인간적 요인을 살펴보는 것도 또한 도움이 되는데, 이는 그리스도인들이 무엇을 믿고, 생각하고, 이로써 그들 주위 사회에 어떻게 영향을 미쳤는지를 배울 수 있기 때문이다.

사회학자인 로드니 스타크(Rodney Stark)[4)]는 사회 변혁과 초대 교회와의 관계를 연구했다. 그는 극히 적은 숫자의 초대 교회 교인들이 로마 세계에 새로운 인간관을 도입했다는 것을 발견했다. 특히 초대 교회의 일곱 가지 신앙고백과 실천이 로마 세계에 영향을 미쳤으며, 결국 온 세계에 영향을 주게 되었다. 스타크는 이러한 일곱 가지 신앙고백과 실천—새로운 인간관—을 당시 시대의 역사적 데이터와 문서들을 연구함으로써 발견하게 되었다. 하지만 이 모든 것은 다 성경적 원리에 해당하는 것들이다.

1. 그리스도인은 하나님께서 하나님을 사랑하는 자들을 사랑하신다는 것을 믿는다.
2. 그리스도인의 하나님은 그분을 사랑하는 자에게 다른 사람-다른 모든 사람-을 사랑하라고 가르치신다.
3. 기독교는 인종과 계급을 차별하지 않는 문화를 갖고 있다.

4. 그리스도인의 하나님은 자비의 하나님으로서 자비를 요구하신다.
5. 기독교에서는 남자들은 아내를 자신처럼 사랑해야 한다.
6. 그리스도인은 로마의 관습인 낙태와 영아살해를 거부했다.
7. 그리스도인은 개인적 희생을 감수하면서 타인을 사랑한다.

기독교는 이처럼 새롭고도 영향력 있는 인간관을 제시하여 많은 사람들을 믿음에 이르게 하였다.[5] 이 새로운 인간 이해는 교회 내의 조직된 프로그램에서가 아니라, 믿는 자들의 삶 속에서 관찰할 수 있다.

기독교의 영향은 그리스도인의 숫자로 예상하는 것보다 훨씬 더 크다. 서기 40년까지는 대략 1천 명의 그리스도인이 있었을 것이다. 이는 당시 로마 제국 전체 인구인 6천만 명의 0.0017%에 불과했다. 서기 300년에 이르러서는 스타크의 추산으로 그리스도인이 630만 명으로 늘어났는데, 이는 전체 인구의 10.5%에 불과했다.[6] 이처럼 낮은 비율에도 불구하고, 그 영향력은 놀라울 정도여서 서기 313년이 되자 콘스탄틴 황제가 기독교를 합법화하고 핍박과 사회적 멸시로부터 자유롭게 해 주었다. 그리고 그와 그 이후의 황제들은 계속해서 교회에 대해 우호적인 정책들을 펴 나갔다. 서기 381년에 이르자 기독교는 국가 종교로 선포되고, 이방의 로마는 마침내 공식적으로 '기독교' 로마가 된 것이다.

변화하는 교회, 변화하는 사회 — 중세 시대

초대 교회 시절에 자선(慈善)은 영적 개종의 결과였다. 선행은 그리스도 안에 있는 신앙생활의 일상적이고 의도적인 열매였다. 그러나 중세 시대에 들어와서 그리스도인의 자선은 그 동기가 변하고 있었다. 중세 교회가 전도와 사회적 책임을 어떻게 수행했는지를 이해하려면 당시 교회의 상황을 먼저 알아야만 한다. 교회는 은혜에 이르는 유일한 길은 오직 교황의 지도 하에 있는 교회를 통해서만 가능하다고 가르쳤다. 그리고 금욕주의와 선행을 통해 구원을 얻기 위한 덕을 쌓을 수 있다는 것이 주요 교리였다. 교회와 국가는 둘 다 모두 인간을 위한 하나님의 목적을 수행하기 위한 하나님의 도구들로 간주하였다.

교회와 관련된 자선 활동은 무직자, 고아, 과부, 부상자, 병자, 여행자, 재난 희생자, 지역 사회의 가난한 자들을 도우는 것이었다. 가난한 자를 돌보는 것은 성 토마스, 이그나시우스 로욜라, 성 패트릭, 아시시의 성 프란시스[7] 같은 중세의 유명한 인물들이 가졌던 일관된 관심사였다.

그와 같은 실제적인 봉사와 신앙은 4세기부터 6세기 사이에 수도사들을 통해 다른 사회 영역들과 나라들로 퍼져 나갔다. 네스토리우스파들은 소아시아에서부터 아라비아, 인도, 중앙아시아, 중국까지 건너갔고, 정통 교회는 북쪽에 있는 발칸 반도 국가들과 러시아까지 확장하였다. 켈트족들은 아일랜드로부터 스코틀랜드, 영국, 중부 유럽까지 갔다. 베네딕트파는 서구 교회 속에 머물러 있었다. 그들은 여행하면서 수도원을 세우고, 매일

기도와 노동을 실천했다. 우연하게도 수도사들이 직접 손으로 했던 노동은 충격적인 것이었는데, 당시 노동이란 일반적으로 노예에게나 어울리는 것으로 간주되었기 때문이었다.[8)]

로마 제국은 5세기에 야만인에 의해 함락되었다. 유럽 전역에 걸쳐 도서관들은 파괴되고 불타 버렸으며, 유럽은 수천 가지의 고전작품들을 상실할 위험에 처했다. 그런데 기독교와 문자를 처음 받아들인 5세기의 아일랜드인들이 유럽에서 하나씩 건너온 작품 원고들을 보관하고, 직접 손으로 복사하며 보존했다. 그리고 계속해서 수도원들을 세우고, 라틴어, 희랍어, 히브리어, 콥틱어로 된 책들을 확보하는 일을 계속해 나갔다. 유럽의 도서관들이 완전히 폐쇄되거나 파괴되었을 때, 아일랜드 수도원의 도서관들이 지닌 가치는 값으로 칠 수 없는 것이었다. 유럽은 거의 야만주의의 나락으로 떨어졌다. 나중에 수도사들은 고전 문서들을 유럽 대륙으로 다시 돌려주었다. 새로운 통치자들은 수도사들에게 그들의 자녀교육을 요청했고, 수도사들은 유럽 전역에 수도원과 학교를 건립했다. 결국 수도사들의 신앙과 고전 문학이 유럽 대륙으로 되돌아오게 되었다. 사실상 어떤 작가가 지적한 대로, 이와 같은 지성적 사고의 재도입으로 인해, 이슬람 신앙으로 돌아서려 했던 중세 시대의 유럽을 구해내었는지도 모른다.[9)]

중세 시대가 막을 내릴 때, 교회와 사회는 또 다른 변화를 맞게 된다. 중세 시대에 대해 별로 좋은 점수를 줄 순 없지만, 그럼에도 불구하고 하나님은 그분의 이야기(HIS-story)를 계속해 나가셨던 것이다.

종교개혁 시대의 교회의 영향과 실천

하나님은 교회와 종교개혁을 사용하셔서 스위스, 독일, 네덜란드 사회를 변혁시키셨다. 종교개혁은 1517년에 마틴 루터가 95개 조문을 비텐베르크 성문에 못 박았을 때 시작되었다. 그는 특히 교회가 재원을 확보하기 위해 면죄부[10]를 판매하는 것에 반대했다. 교회는 분명히 심각하게 타락했고, 루터는 초대 교회의 순수함으로 돌아갈 것을 촉구했다. 루터가 로마 교회와는 다른 신학적 주장을 하게 된 것은 로마서와 갈라디아서에 대한 연구 덕분이었다. 그가 주장한 **오직 은혜, 오직 믿음, 오직 성경**(Sola Gratia, Sola Fide, Sola Scriptura), **오직 하나님 영광**(Sola Deo Gloria)[11]은 당시 로마 교회의 신조들과 관습들에게 도전을 가했다.

비록 루터는 선행이 죄를 속죄할 수 없다고 믿었지만, 이러한 사실이 가난한 사람들을 돌보아야 할 그리스도인의 책임을 깨우쳐 주거나 혹은 세상에 영향을 주진 못했다. 루터는 두 개의 왕국—하나님 왕국과 세상 왕국—이 있다고 가르쳤다. 그리스도인은 이 두 왕국에 모두 참여해야 한다고 했다. 그는 또한 각 교회마다 헌금함을 상시 비치하게 했다. 목회자들이 가난한 자를 위한 섬김에 대해 설교하게 하고, 교인들은 헌금하도록 하고, 집사들이 헌금을 관리하게 하면서, 통상적인 지침들을 따라 도움이 필요한 사람들을 효과적으로 돕도록 하였다.[12]

한편, 스위스의 개혁자인 존 칼빈(John Calvin)은 교회를 보다 큰 사회 내에 있는 작은 사회—전적으로 새로운 세계 질서를 위한 하나의 태아—로 보았다.[13] 칼빈은 종종 도움이 필요한 사람들에 대한 그리스도인의 책임에 대해 설교했고, 또한 실천했다. 1550년에 6만 명의 피난민들이 프랑스로부터 제네바로 몰려 들어오자, 칼빈은 그들을 위해 개인적으로 교회를 중심으로 한 사역을 시행했는데, 이것이 유럽 전역에 걸친 하나의 모본이 되었다. 그 사역은 다양한 필요를 돌보았는데, 병자, 고아, 노인, 무능자, 여행자, 장애인, 임종 환자 등을 도왔다. 도움이 필요한 자를 돕는 것은 노동윤리와 연관이 있었다. 집사들은 가난에 대한 장기적 해결책—직업 훈련, 임시주택 제공, 사업 정착을 위한 수단들—을 모색할 수 있도록 훈련을 받았으며, 마땅히 도움을 받아야 할 가난한 이들을 구별해 낼 수 있도록 교육을 받았다.[14]

실제로, 하나님께서는 전 유럽에 걸쳐 일어난 이러한 하나의 운동 가운데서 수많은 기독교 지도자들을 사용하였다. 그들이 유럽 전역에 걸쳐 교회와 사회를 개혁하려고 했을 때, 동시에 도움이 필요한 이들을 위해 체계화된 사역도 개발했던 것이다.

교회 부흥이 사회에 끼친 영향

복음주의적 부흥은 17세기와 18세기를 흔들었다. 부흥운동은 죄인을 회개시켰을 뿐만 아니라, 선행을 강조함으로써 태평양 양쪽 연안에 위치한 나라들에게 심대한 영향을 미쳤다. 이 운동은 교회를 갱신시켰으며, 수천 명의 개종자들을 낳았고, 사회 개혁을 촉발시켰으며, 개신교 선교운동이 시작되도록 하였다.

요한 웨슬리가 주도한 웨슬리 부흥운동은 이런 운동들 중 가장 중요한 것들 중의 하나이다. 이것은 영국 사회를 크게 변혁시켰다. 이 일이 있기 전, 영국은 서구 세계에서 가장 부패하고 부도덕한 사회들 중의 하나였다. 여성과 어린이들은 노동력 착취를 당했고, 부도덕한 일들이 만연했다. 탐욕이 대영제국을 지배했고, 당시에 알려진 바로는 인간 생명에 대한 최대의 상업 무역, 즉 영국의 노예무역이 가속화되었다. 그러나 웨슬리 부흥 운동을 통해 성경적 세계관이 영국에 도입되자, 영국 문화는 현저한 변혁을 경험하게 된다.[15)]

요한 웨슬리는 전도자이자 설교자였지만, 그가 전한 복음은 사람들을 감동시켜 그리스도의 이름으로 사회적인 책임을 떠맡을 수 있게끔 하였다. 몇몇 역사가에 의하면, 그의 부흥운동은 영국 역사상 그 어떤 운동보다도 더욱더 영국인들의 도덕적 성품을 변화시켰으며, 또한 이것이 1789년부터 1795년 사이에 프랑스를 괴롭혔던 정치적 혁명의 공포로부터 영국을 구해내었을 것이라고 했다.[16)]

웨슬리와 그의 몇몇 친구들은 1720년에 옥스퍼드대학 재학시 홀리클럽(Holy Club)을 조직했다. 그 후 그들은 그리스도인 정치가로 활동하는 가운데 수년간에 걸쳐 계속 모임을 가지면서, 특히 당시 사회의 불의에 대항하였다. 그들은 각자가 가장 잘할 수 있는 것을 나누어 맡았다. 그들은 다양한 영적 및 사회적 프로젝트들을 실행했는데, 그중에는 대영제국의 노예무역을 종식시키려는 윌리엄 윌버포스의 제안도 포함되어 있었다.[17)] 그들의 관심 영역은 매우 광범위하여, 교도소 및 의회의 개혁, 교육, 영국의 식민지에 대한 의무(특히 인도), 문맹퇴치, 아동 노동, 공장법 제정, 결투, 도박, 음주, 부도덕, 동물 학대 경기, 소외된 정신병자, 굴뚝 청소, 무역 조합, 빈민 교육, 광산의 여성과 아동, 빈민가 아동, 공장근로 조건, 빈민가 학교 등을 모두 포함하고 있었다. 나아가 주일학교, YMCA, YWCA, 구세군, 성경공회, CMS(Church Missionary Society) 등이 조직될 수 있도록 영향을 미쳤다.[18] 신앙이란 그만큼 실제적이고도 강력한 것이었다!

요한 웨슬리가 제시한 표어는 그 자신과 그의 동료들이 했던 일을 잘 묘사해 준다. "할 수 있는 모든 선한 일을 하되, 할 수 있는 모든 수단을 사용하여, 할 수 있는 모든 방법으로, 할 수 있는 모든 곳에서, 할 수 있는 모든 때에, 할 수 있는 모든 사람에게, 할 수 있는 대로 다 하라."[19]

하나님은 영국 정치가인 윌리엄 윌버포스를 사용하셔서 영국의 노예제도 폐지를 진행시키셨다. 윌버포스는 그의 신앙 때문에 그의 주장을 견지했고, 요한 웨슬리를 그의 영적 아버지로 생각했다. 윌버포스가 노예제도 폐지 법안을 의회에 처음 제출했던 첫 해에는 그는 혈혈단신이었다. 그는 계속하여 30년 이상이나 반노예법안을 제출했는데, 해마다 점점 더 많은 수의 의회의원들이 그 법안에 찬성했다. 그와 같은 기간에 웨슬리 부흥운동이 영국 전역을 휩쓸었고, 마침내 그 법안은 통과되었다. 비록 윌버포스가 어떤 특정한 역할을 하긴 했지만, 성장해 가는 그리스도의 교회와 성도들의 삶과 사고방식이 영국인의 세계관과 문화를 바꾸는 데 영향을 끼친 것이었다. 이러한 변화로 인해 윌버포스의 반노예제도에 대한 열정이 마침내 현실화된 것이다.

마지막으로 복음주의 선교운동은 대서양을 건너 미국으로 와서 제 1차 및 제 2차 부흥운동을 촉발시켰다. 제 2차 대각성운동이 일어난 이후에는, 거의 모든 개신교단이 사회봉사에 참여했고, 여성 인권, 노예제도, 금주, 교도소 개혁, 공립교육, 세계평화 등과 같은 문제들을 다루게 되었다. 전도와 사회적 관심 사이의 긴밀한 관계는 새로운 조류의 선교운동을 일으켰고, 수많은 교회의 남녀 성도들을 통해, 유럽과 미주 대륙뿐만 아니라 멀리 아프리카와 아시아와 남미 대륙에 이르기까지 전도와 성경적인 사회적 개혁을 주도하게끔 만들었다.20)

문화적 영향과 개신교 선교운동

19세기에 선교사들은 여행할 때, 의약품과 식물 종자를 성경과 함께 가방에 넣고 다녔다. 그들은 커피와 코코아를 가나에 갖고 갔다. 태국에서는 천연두, 말라리아, 문둥병을 박멸했다. 콩고에서는 강제노동 문제를 거론했으며, 중국에서는 아편 밀수 문제를 제기했고, 전족과 여아 살해 관습을 반대했다. 인도에서는 미망인 화형(죽은 남편의 시체를 산 아내와 함께 화형시키는 인도의 옛 관습), 영아 살해, 신전 매음, 카스트제도에 대항했다. 그들은 우물도 파고 학교도 세웠다. 실제로 모든 선교운동은 현재 우리가 '지역 사회 개발' 이라고 부르는 일들에 참여하였다. 그들은 복음 전파의 일부로서, 교육, 보건, 농업 그리고 소외되고 억눌린 자들을 위한 사회개선 활동에 봉사한 것이다.21)

영국의 윌리엄 캐리는 하나님께서 기독교 개혁자들의 노력을 통해 영국, 독일, 스위스, 네덜란드를 변혁시키셨다는 사실을 알았다. 캐리는 하나님께서 그 나라들을 위해 하실 수 있는 일은 다른 어느 곳에서든지 하실 수 있을 것이라고 생각했다. 그는 인도로 건너가서 인도의 회복을 위해 놀라울 정도로 다양한 일들을 시도했다. 그는 선교사인 동시에, 식물학자, 산업가, 경제학자, 의료 인도주의자, 인쇄 및 출판 개척자, 농업가, 40개 인도 언어의 성경 번역 및 출판가, 교육자, 천문학자, 도서관 창립자, 삼림보호자, 여성인권 옹호자, 공공봉사자, 도덕개혁자 그리고 문화변혁자 등이었다. 그는 "모든 가능한 수단을 통해 인도인의 삶의 모든 어두운 영역에 진리의 빛을 비추려는 전도자" 였던 것이다.[22)]

2천 년 동안 힌두교와 불교의 지도자들은 인생의 운명론을 정착시켰다. 그들은 인생이 고해이며, 영혼은 전생의 업보로 인해 이 땅에 보내어진다고 가르쳤다. 그러나 윌리엄 캐리는, 창조주는 인생을 보시고 "좋았다"라고 하신다고 인도인들에게 가르쳤다. 이처럼 변혁이란 충분히 일어날 수 있고 또한 기대할 만한 것이다![23)]

19세기의 또 다른 선교사들도 영적 개종에 초점을 두는 동시에 신체적, 사회적, 문화적 문제들을 함께 다루었다.

이러한 사실들은 이성적이신 하나님—세상을 끝없는 고행의 세계로 창조하지 않으신 창조주—께서 그분의 백성들을 사용하셔서, 그들이 전하는 복음에 대한 표현으로 하나님의 사랑과 관심을 실천하게 하신다는 사실에 매우 부합되는 것이다.

맺는 말

교회는 기독교의 이름으로 행했던 모든 일을 다 자랑할 수만은 없다. 예를 들면, 십자군, 종교재판, 개신교와 구교 간의 전쟁 등이 그러하다. 교회는 회개해야 할 때들이 많았다. 그럴 때조차도 교회는 그분의 이야기(HIS-story) 가운데서 수행해야 할 중요한 역할을 감당하고 있었던 것이다.

혹시 당신은 이 장이 왜 19세기 중반까지만 다루는지 의아해할지 모르겠다. 아니면 왜 오늘날에는 문화적 변혁을 위한 교회의 역할에 대해 별로 듣지 못하는가 하고 생각할 수도 있다. 뒤에 가서 살펴보겠지만, 중간에 무슨 일이 일어났기 때문이다. 즉 교회가 분열되었기 때문인데, 보수주의 교회는 사회를 변혁시켰던 교회들과의 역사적 연결 고리가 끊어져 버린 반면, 나중에 조직된 자유주의 교회는 영적 회심에 대한 열정을 상실하고 말았기 때문이다.

하나님은 원대한 계획을 갖고 계시고, 교회에 기름부으셔서 상한 자를 고치시고, 개인들과 사회를 변혁시키시며, 만약 예수님이 시장이라면 일어날 수 있을 다양한 변화들을 일으키신다. 그분의 이야기 속의 기독교회는 오랫동안 전 사회와 문화권의 변혁에 큰 역할을 담당해 왔었다. 그리고 오늘날 전 세계 교회 가운데 영적 및 문화적 변혁에 있어 교회의 역할에 대해 초대교회의 관점으로 돌아가자는 움직임이 활발해지고 있다. 뒤에 이어지는 장들에서 당신은 몇몇 21세기 '개혁자들' 로부터 그분의 이야기를 듣게 될 것이다.

제 4 장

하나님의 원대한 계획

만약 예수님이 시장이라면, 그분은 종합적인 과제와 장기적인 계획을 갖고 계실 것이 틀림없다. 하나님은 광대한 계획을 갖고 계신다. 이 광대한 계획은 어느 곳에서든지 어느 세대에서든지 그분의 교회에 영향을 주어서 그분의 계획 속에 포함되도록 하신다.

이 세상에서의 하나님의 계획은 무엇일까? 무엇이 그분의 과제일까? 대답은 우리가 누구에게 묻는가에—혹은 누구를 관찰하는가에—달려 있다. 이 장에서 우리는 성경을 살피면서 하나님의 거대한 계획의 성경적 근거를 추적해 볼 것이다.

역사적으로 교회는 하나님께서 세상을 향한 광대한 과제를 갖고 계시다는 것을 믿어 왔다. 오늘날 수많은 교회들이 인간의 영적 구원을 위해 전 세계에 걸쳐 복음을 전파하며 교회를 개척하면서 열심히 활동한다. 동시에 또 다른 어떤 교회들은 인간의 고통, 가난, 기아, 불의 등에 대한 문제들을 열심히 부각시키는 일에 에너지를 쏟고 있다. 이런 상황에서 오늘날의 교회를 바라보면, 하나님의 전체적인 계획이 어떤 것인지를 발견해 내기가 쉽지 않은 것 같다. 하지만 성경에는 하나님의 계획이 우리의 상상 이상으로 훨씬 크다고 말씀하고 있다.

창조에 드러난 하나님의 계획

시편 기자는 선포한다. "하늘이 하나님의 영광을 선포하고 궁창이 그 손으로 하신 일을 나타내는도다."[1] 하나님은 인간의 묘사를 초월하실 정도로 광대하시다. 그분은 영광스러우시고, 선하시고, 경이로운 분이시다! 그가 하시는 모든 일은 그의 선하심을 반영하고 있다. 그리고 그가 지으신 모든 만물이 그의 선하심과 영광을 반영해 내도록 의도하셨다.

피조물이 하나님의 선하심을 반영할 때, 하나님을 영화롭게 한다. 그러나 피조물이 그의 선하심을 반영해 내지 못할 때면, 하나님을 영화롭게 하지 못하고, 하나님이 선하시다는 사실을 거짓이라고 광고하는 셈이 된다. 사람들은 자신들을 영화롭게 지으신 하나님께 이끌리면서도, 또한 그분의 의도가 선하지 않다는 거짓말에 의해 유혹을 받는다. 이는 매우 심각한 문제이다. 그렇기 때문에 하나님은 그분의 선하심과 영광과 의도를 드러내시는 일에 지대한 관심을 가지실 수밖에 없는 것이다.

인간은 하나님의 위대한 창조 사역의 마지막 단계—이는 창조의 왕관(Crown)이며 최정상이다—에 지음받았다. 하나님은 인간을 지으셨을 뿐 아니라, "하나님 형상대로 사람을 창조하시되 남자와 여자를 창조하"셨다.[2] 그래서 하나님은 우리를 그분의 부(副)섭정으로 임명하시고, 그분을 대표하여 땅을 정복하고 다스리게 하셨다.[3]

불행하게도 우리 조상들은 하나님의 의도대로 다스리지 못했다고 성경은 말한다. 그 대신 아담은 자신의 관심사만 돌아보는 쪽을 선택하고 말았다. 아담의 불순종—타락—으로 인해 하나님과의 관계는 깨어지고, 미래의 모든 인류와 하나님과의 관계도 분리되고 말았다. 반역, 긴장, 다툼, 파괴, 부정직, 죽음 등이 하나님께서 자신의 영광을 반영하시기 위해 신중하고도 사랑스럽게 지으신 모든 피조물 속으로 몰려 들어오고야 말았다.

에덴동산에서 아담과 하와의 죄는 두 사람에게뿐만 아니라, 모든 창조에 영향을 미쳤다. 그리하여 많은 사람들이 여전히 하나님의 목적을 거스르고 있다. 우리의 개인적 삶, 가족, 사회 그리고 환경까지도 그러한 반역의 결과로 인해 신음하고 있다. 사도 바울은 "피조물이 허무한데 굴복하"고 있다고 말했다.[4] 성경은 "(여호와께서) 땅위에 사람 지으셨음을 한탄하사 마음에 근심하시고"라고 말씀한다.[5] 아담의 불순종에 대한 하나님의 반응이 이토록 심각하셨다는 것은 놀랄 일이 아니다. 하나님은 아담의 이기적 욕심에 의해 생긴 결과로부터 그분의 계획을 보호하시지 않을 수 없었던 것이다.

언약에 계시된 하나님의 계획

하나님은 아담 자손들의 땅에 대한 이기적인 다스림에 대해 홍수로 심판하심으로, 그분의 계획을 계속 보호해 나가셨다. 홍

수 직후에 하나님은 놀라운 언약을 주신다. 노아에게 말씀하셨지만, 노아의 자손뿐만 아니라, 모든 다른 살아 있는 생명과 이 땅과도 분명하게 언약을 맺으셨다. 그 언약을 통해 하나님의 모든 창조에 대한 그분의 관심을 표명하신 것이다.

하나님의 계획과 모든 민족

하나님의 원대한 계획은 아브라함과의 언약 가운데 또다시 반영되고 있는데, 이때 하나님은 모든 민족을 위한 관심을 드러내셨다. 하나님은 아브라함에게 "땅의 모든 족속이 너를 인하여 복을 얻을 것이니라"[6]고 하셨다. 그 후 또다시 언약을 확정하시면서 "천하 만민은 그를 인하여 복을 받게 될 것이 아니냐"[7]라고 하셨다. 민족들을 향한 하나님의 계획은 창세기에서 요한계시록에 걸친 성경의 핵심적 주제이다. 성경의 마지막 장에서는 천사가 사도 요한에게 말하길, 생명나무에 달린 잎사귀들은 "만국을 소성하기 위하여 있더라"[8]고 했다(여기서 '만국'은 '민족들'과 같은 의미임-역주). '민족들' 이란 단어는 성경에 2천 번 이상 등장한다.[9] 민족들을 향한 하나님의 관심은 추상적인 것이 아니다. 하나님은 민족들이 속해 있는 사회들의 사회적, 경제적 복지에 대해 구체적인 관심을 보이셨다.

역대하 6장과 7장에서, 하나님과 솔로몬 왕 사이의 멋진 대화가 나온다. 솔로몬이 성전 봉헌식에서 기도할 때, 백성들이 불순종에서 돌이켜 하나님께 순종할 수 있도록, 백성들을 위한 하나님의 자비를 구했다.[10] 하나님은 그 기도를 들으셨다고 솔로몬에게 확인시켜 주시고, 백성들이 회개하고 순종하면 그들의 죄를 용서하겠다고 하셨다. 그런 다음 하나님은 노아와 아브라함에게 이미 계시하신 계획과 일치되는 어떤 것을 말씀하셨다. 즉 땅을 고치시겠다고 솔로몬에게 약속하신 것이다!

> "내 이름으로 일컫는 내 백성이 그 악한 길에서 떠나 스스로 겸비하고 기도하여 내 얼굴을 구하면 내가 하늘에서 듣고 그 죄를 사하고 그 땅을 고칠찌라"[11]

하나님은 땅과 그 땅의 백성이 치유되기를 원하셨다! 하나님은 모든 사람이 번영케 되도록 하셨다. 그분은 우리를 자기 형상대로 지으셨다. 우리가 번영할 때, 우리는 하나님의 성품과 영광을 드러내게 되는 것이다.

문제는 타락한 성품을 가지고 우리가 저절로 번영할 수는 없다. 우리는 본능적으로 올바로 살기를 선택하지 않기 때문이다.

따라서 하나님은 우리가 어떻게 살도록 지음받았는지, 그분과는 어떤 관계를 맺어야 하는지, 그리고 우리들 사이의 관계와 우리가 피조물과는 어떻게 관계해야 하는지를 계시해 주실 필요가 있었다. 그분은 이스라엘을 불러 모델 국가로 삼으시고, 그들이 부르심을 따라 살도록 하시고, 그들의 예를 따라 민족들을 제자로 삼기로 하셨다.[12] 하나님은 이스라엘이 하나님의 교훈을 따라 사는 삶이 월등한 것임을 다른 민족들에게 보이기를 원하셨다.

> "너희는 (규례와 법도를) 지켜 행하라 그리함은 열국 앞에 너희의 지혜요 너희의 지식이라 그들이 이 모든 규례를 듣고 이르기

를 이 큰 나라 사람은 과연 지혜와 지식이 있는 백성이로다 하리라" 13)

이스라엘이 순종하면 그 결과로, 다른 민족들이 하나님의 경이로움과 영광 가운데로 인도되게 될 것이다. 어떤 의미에서 이스라엘은 분명히 다른 문화에 영향을 주었다. 혹은 좀 더 바르게 표현하자면, 이스라엘을 다루신 하나님의 방식은 오늘날까지 수많은 문화에 영향을 미쳤다. 예를 들면, 십계명은 이스라엘을 통해 민족들에게 축복의 기회가 되고 있다. 그것은 이스라엘에게 주어진 것이지만, 오늘날에도 여전히 세계적으로 정의롭고 윤리적인 사회의 기초가 되고 있는 것이다.14)

신약에서도 민족들에 대한 하나님의 관심에 대한 이야기가 나온다. 예수님은 제자들에게 마지막 위임령을 내리시며 모든 족속에게 복음을 전하라고 하셨는데, 그 결과로 "그의 이름으로 죄 사함을 얻게 하는 회개가 … 모든 족속에게 전파될 것" 15)이다. 민족들은 제자화되어 하나님이 요구하시는 생활 방식이 어떤 것인지를 이해하고 지키게 될 것이라고 예수님께서 말씀하셨다.

"그러므로 너희는 가서 모든 족속으로 제자를 삼아 … 내가 너희에게 분부한 모든 것을 가르쳐 지키게 하라" 16)

복음—복된 소식—을 전파하는 것은 예수님을 구세주와 주님으로 선포하는 것을 포함한다. 그리스도의 주 되심을 인식할 때, 예수님이 명하신 "모든 것에 순종" 하게 된다. 그리스도의 주 되심이 생략된다면, 우리가 구원은 받겠지만, 우리의 깨어짐은 치유받지 못하게 된다. 삶의 모든 영역에 대한 그리스도의 주되심은 필수적이다. 그것이 없다면, 복음은 불완전하고, 교회는 미성숙해질 것이다. 미성숙한 교회는 스스로 온전히 제자가 되지 못할 뿐더러, 모든 민족을 제자 삼으라는 명령도 완수할 수 없을 것이다.

마지막으로, 신구약에 나타난 민족들에 대한 하나님의 관심에 순종하며 살게 될 때, 그리스도의 재림 시에 민족들이 하나님 앞에 도열해 있는 모습까지 보게 될 것이다. 이 얼마나 놀라운 사실인가! 장차 올 하나님 나라에서 민족들이 하나님의 영광의 축복을 보고, 누리고, 그 안에 거하게 되는 것이다. 사도 요한은 이렇게 예언했다. "만국이 그 빛 가운데로 다니고 땅의 왕들이 자기 영광을 가지고 그리로 들어오리라."[17]

하나님의 계획은 분명히 모든 백성과 모든 민족의 치유까지 포함하고 있다. 과거와 현재 그리고 또한 미래에도.

하나님의 계획과 예수님

골로새서 1장 15-20절을 펴고 이 놀라운 본문에서 '모든'(All)이란 단어가 몇 번이나 나오는지 세어 보자.

> "그는 보이지 아니하시는 하나님의 형상이요 **모든 창조물**(All Creation)보다 먼저 나신 자니 **만물**(All Things)이 그에게 창조되되 하늘과 땅에서 보이는 것들과 보이지 않는 것들과 혹은 보좌들이나 주관들이나 정사들이나 권세들이나 **만물**(All Things)이 다 그로 말미암고 그를 위하여 창조되었고 또한 그가 **만물**(All

Things)보다 먼저 계시고 **만물**(All Things)이 그 안에 함께 섰느니라 그는 몸인 교회의 머리라 그가 근본이요 죽은 자들 가운데서 먼저 나신 자니 이는 친히 **만물**(In Everything)의 으뜸이 되려 하심이요 아버지께서는 모든 충만으로 예수 안에 거하게 하시고 그의 십자가의 피로 화평을 이루사 **만물**(All Things) 곧 땅에 있는 것들이나 하늘에 있는 것들을 그로 말미암아 자기와 화목케 되기를 기뻐하심이라" 18)(강조는 저자)

NIV(New International Version) 성경에서, '모든' 은 여섯 번, '모든 것' 은 한 번 나온다. 일곱 번씩 나오는 것은 하나님의 계획이 '만물' 만큼 광대하다는 것을 상기시켜 준다. 바울은 핵심을 지적하고 있다. 예수님의 피는 '만물' 의 회복을 위해 흘리신 것이다. 왜 그런가? '만물' 은 타락으로 인해 깨어졌기 때문이고, 하나님은 그의 창조물을 사랑하셔서 '만물' 이 그와 회복되길 원하시기 때문이다.

예수님은 하나님의 형상을 또렷하게 지니고 계시고, 하나님의 충만이 그 안에 거하시기 때문에, 예수님의 계획 또한 하나님의 계획과 똑같다. 그 계획은 인간의 영적 중생 그리고 '만물' 의 회복 둘 다를 포함하고 있다.

교회가 이러한 하나님의 광대한 계획에 순종할 때 놀라운 일이 벌어지지 않겠는가! 그렇지만 지금까지 너무나 소수의 교회만이 '만물' 을 회복시키기 위한 일에 성도들을 준비시키고 있을 뿐이다.

이 일은 엄청난 과업인 것처럼 보인다. 그러나 하나님은 모든 성도들을 그들이 영향을 줄 수 있는 영역들 속으로 이미 배치해 두셨다. 가족, 가정, 이웃, 학교, 직장, 사무실, 농장, 시장, 친구, 동호회, 사회, 정부 그리고 환경 분야 등 모든 영역이다. 교회는 반드시 성도들을 세우고 독려하여 그들의 영역에서 영향을 끼치며, 세상을 향한 하나님의 거대한 목적, 즉 만물의 회복을 위해 하나님과 동역해야 한다. 교회가 '만물'에 대한 이해를 가지고 성도들을 훈련시킬 때, 성도들은 그리스도의 주권 하에 영향을 줄 영역들 속으로 들어갈 수 있게 된다. 상상해 보자. 수천 개의 교회들과 수백만 그리스도인들이 만물을 회복시키기 위해 하나님과 동역하며 하나님의 거대한 계획을 수행할 때 어떤 일이 일어나겠는가!

우선순위가 따로 있는가?

그리스도의 제자로서 인간의 영적 구원을 위해 일하는 것이 우리의 우선순위인가? 이 질문에 대해서는 적어도 세 가지의 통용되고 있는 대답들이 있다.

1. 영적 구원이 다른 어떤 종류의 회복보다 더욱 중요하다. 세상에 이것과 비교할 수 있는 것은 아무것도 없다. 그리스도를 통한 구원이 없이는 하나님으로부터 전적으로 분리되고 말 것이다.

이 견해는 사람들이 영원과 현재의 삶을 어떻게 보낼 것인가에 대해 도전을 던진다. 그리스도와 함께하면, "하나님의 은사는 그리스도 예수 우리 주 안에 있는 영생"[19]이다. 그리스도가 없으면, "죄의 삯은 사망"[20]이다. 그리스도와 함께하면 풍성한 삶을 누린다.[21] 그를 믿으면 "멸망치 않고 영생을 얻게"[22] 되고, 그가 없으면 "벌써 심판을 받은 것"[23]이다. 이 두 가지 의미는 서로 강력한 대조를 이룬다.

이 견해는 영적 구원에 우선순위를 두게 되면, 우리가 하나님의 더 큰 목적을 수행할 수 있게 된다는 것이다.

> "우리는 그의 만드신바라 그리스도 예수 안에서 선한 일을 위하여 지으심을 받은 자니 이 일은 하나님이 전에 예비하사 우리로 그 가운데서 행하게 하려 하심이니라"[24]

2. 예수님은 각각의 상황에 따라—하나님 아버지의 뜻에 민감하게 반응하면서—사역하셨다. 때때로 예수님은 중풍병자를 고치실 때처럼, 영적 필요를 먼저 돌보셨다.[25] 그는 항상 사람들의 영적 필요에 관심을 두셨지만, 일률적으로 영적 필요를 먼저 채우신 것은 아니었다. 때로 열 명의 문둥병자를 고치실 때처럼, 그에게 감사 인사를 드리러 돌아오지 않은 아홉 명의 영적 필요는 다루지 않으셨다. 여기선 단지 한 명만이 돌아와 예수님 발 앞에 엎드렸다.[26]

3. 봉사는 종종 영적 필요를 채우는 가장 효과적인 방법이다. 말로 하는 전도에 거부감을 갖고 있는 사람들도 하나님의 사랑을 몸으로 보여 주면 마음을 연다. 물론 예수님께서도 이 원리를 아시고 먼저 사람들의 필요를 돌보셨고, 이것이 사람들의 마음을 열게 만들었다.

우리의 사역에 어떤 우선순위가 있는가? 영원의 관점에서 본다면 분명히 영적 사역이 우선이다. 그러나(여기서 '그러나'가 지극히 중요하다) 우리가 어떻게 사역할 것인가 하는 것은 하나님께서 우리를 어떤 상황 가운데 보내시는지와 성령님에 대한 우리의 민감한 태도에 따라 좌우된다.

만물을 포용하시는 하나님의 사랑

하나님의 커다란 계획의 관점에서 우리에게 친숙한 성경 구절들을 읽으면, 하나님의 광대한 계획과 의도를 발견할 수 있다. 한 가지 예를 들어 보자. 다음 구절은 그리스도인들에게 가장 사랑받는 구절들 중의 하나이지만, 이제 새로운 시각을 열어 줄 수 있다.

> "하나님이 세상(코스모스)을 이처럼 사랑하사 독생자를 주셨으니 이는 저를 믿는 자마다 멸망치 않고 영생을 얻게 하려 하심이니라"[27]

이 구절에서는 코스모스(Kosmos)라는 헬라어로써 '세상'을 표현했다. 성경에서 때때로 코스모스는 '땅'이나 '창조 세계'를 뜻한다.[28] 다른 경우에 '사람들'로 번역될 수도 있다. 보통 요한복음 3장 16절을 해석할 때, "하나님이 세상 사람들을 이처럼 사랑하사" 예수님을 보내시고, 세상 사람들이 그분을 믿고 영생을 얻을 수 있게 하셨다라고 한다. 분명히 오직 사람들만이 믿을 수 있고 영생을 얻을 수 있다. 따라서 하나님이 코스모스—세상 사람들—를 그토록 사랑하셔서 구세주를 보내 주셨고, 그를 영접하는 자마나 하나님 자녀가 되게 하신다.

이 구절은 또한 하나님이 코스모스—모든 피조물—를 너무도 사랑하셔서 그 아들 예수 그리스도를 보내셨고, 그의 십자가 희생을 통해 만물과 화목하려 하신다고 나는 믿는다.[29)]

사람들, 즉 인간은 하나님의 창조 세계에서 특별한 존재이다. 하나님의 사랑을 기초로 하여 하나님은 코스모스(그분의 사랑받는 자녀들)에게 코스모스(그분의 사랑받는 피조물)를 회복시킬 역할을 부여하신 것이다. 우리는 사랑받았고 회복되었기 때문에, 피조물을 깨어진 모든 상태로부터 자유케 하는 역할을 갖고 있다. 사도 바울은 이것을 알고, "피조물의 고대하는 바는 하나님의 아들들의 나타나는 것"[30)]이라고 기록했다. 모든 피조물이 간절히 기다리고 있는 것은, 우리가 그리스도 안에서 성숙하여, 하나님의 의도에 따라 그의 피조물을 관리해 주는 것이다.

하나님은 우리가 마땅히 어떻게 살아야 할지를 알고 계신다. 그분은 그의 계획, 혹은 의도나 뜻이나 교훈이 하늘에서 이미 이루어진 것처럼—바로 지금—이 땅의 모든 영역에서 이루어지기를 바라신다. 왜 그럴까? 그분은 우리와 더불어 모든 피조물을 사랑하시기 때문이다. 그분은 우리와 모든 나머지 창조물들이 그분의 뜻, 의도, 목적을 이루어 나가는 만큼 번창하게 될 것임을 알고 계신다. 그분의 사랑받는 백성인 우리는 모든 창조물에 대한 부섭정으로서의 역할을 다시 한번 감당할 수 있다. 우리는 모든 창조물이 하나님의 선하심과 영광을 드러내도록 만드는 청지기 역할을 또다시 수행할 수 있다.

하나님의 계획은 예수님의 재림 때까지 완전히 이뤄지지는 않을 것이다. 예수님은 "만유를 회복하실 때까지는 하늘이 마땅히 그를 받아"[31)] 두신다. 그러나 교회는 하나님의 온전한 계획을 알고, 받아들이고, 드러내어야 한다.

전인(全人) 사역(Wholistic Ministry)

만물의 회복을 위한 하나님의 계획은 '전인 사역' 이란 용어가 잘 설명해 준다. 이 용어의 정의와 예를 살펴보자.

- 전인 사역은 우리의 전(全, Whole) 삶을 위한 전(全) 복음에 기초를 두고 있다. 이것은 전(全) 위임령과 하나님의 전(全) 계획에 근거하여, 전(全)인과 하나님의 전(全) 피조물을 향해 사역하는 것이다.32) 이는 전인성(全人性, Wholeness)—깨어짐(Brokenness)의 반대—을 향한 하나님의 소원을 반영한다. 이런 이유 때문에 필자는 'Holistic' 이란 단어 대신 'W' 자가 첨가된 'Wholistic' 이란 단어를 의도적으로 사용한다(두 단어의 의미는 동일함-역주).
- 전인 사역은 하나님을 섬기며, 성경 진리를 개인의 삶, 교회, 지역 사회, 국가에 적용하여 변혁시키려는 사역이다.
- 전인 사역은 전인격(全人格, Whole Person)을 위한 하나님의 돌보심을 반영하여, 인간의 영적, 신체적, 사회적 그리고 지혜의 영역의 필요를 다룬다.
- 전인 사역은 예수님의 하나님 사랑과 이웃 사랑에 대한 위대한 계명에 기초를 두고 있는 순종과 사랑의 삶의 방식이다.
- 전인 사역은 모든 지역 교회들과 모든 성도 개인들의 책임이다.
- 전인 사역은 외부에서 오는 거액의 재정 지원보다는 하나

님께 의존한다.

다음은 페루에서 온 전인 사역에 대한 이야기이다.

하나님은 프랑세스에게 페루의 거리의 아이들에 대한 부담감을 주셨다. 사람들은 그 아이들을 종종 식인어인 '피라니아'(Piranhas)라고 불렀다. 보통 강도짓과 도둑질로 살아가기 때문이다. 폭력과 마약은 일상생활의 한 부분이었다. 프랑세스는 그들과 함께하는 센터를 시작했다. 그녀는 아무리 그들이 희망이 없어 보여도, 그들 역시 하나님 형상으로 지음받았기 때문에, 하나님이 주신 잠재력이 있다고 생각했다. 센터에서는 아이들을 '피라니아'로 부르는 대신 '누더기 속의 보석들'로 불렀다. 센터를 시작하기 전에 프랑세스는 목사님께 자신의 비전을 말씀드렸다. 목사님은 좋은 분이셨지만 교회의 사명에 대해선 좁은 시각을 갖고 있었다. 목사님은 "오, 넌 사회적인 문제에 관심이 많구나. 하지만 그런 일은 교회가 할 일이 아냐. 만약 네가 영혼을 구원하는 일을 한다면 우리가 도와줄게!"라고 말했다. 그녀는 낙심하여 결국 그 교회를 떠나고 말았고, 하나님이 자신에게 주신 소명이라고 확신하는 일을 시작했다(목사님은 나중에 가서 사과하고, 현재는 그녀의 사역을 지원하고 있다). 센터는 1999년도에 적은 돈을 가지고 시작했다. 어느 날 그녀는 교회에서 전인적 관점에서 복음을 전하는 일에 대해 설명하고 있는데, 우리 컨퍼런스(교회의 전인 선교 전략을 훈련하는 DNA 컨퍼런스를 의미함-역주)에 참석했던 몇몇 사람이 그녀에게 헌금을 했다. 그녀는 "이 물질을 통해 제가 하는 일이 하나님의 계획임을 확인하게 되었어요. 우리는 사람들의 삶의 모든 영역에 영향을 줄 필요가 있어요"라고 말했다.

그 센터는 그 일을 제대로 한 셈이다. 지금은 거리의 아이들과 함께 사역하려는 성인을 훈련시키는 학교가 있다. 어른들은 아이들을 정기적으로 만나 영적 상담을 하고 거리 생활을 청산할 수 있도록 격려한다. 어떤 아이들은 가정으로 돌아가는데, 많은 아이들이 그러질 못하고 있다. 이런 아이들을 위한 집이 지금 정부의 지원을 받아 지어지는 중이다. 아이들은 이곳에서 살면서, 공부도 하고, 영적이고 정서적인 상담도 받고, 성경적 가치에 대해 훈련받게 될 것이다. 그리고 그 센터는 이미 진료소도 지어서 아이들 건강도 돌보고, 또 지역 사회 봉사 겸 재정 수입원으로서 일반 사람들도 진료하고 있다. 센터 사역 중의 하나인 가축 농장과 제과점에서는 아이들이 운영을 돕고 있으며, 여기서 노동 윤리도 가르치고, 들어오는 수입은 사역에 쓰여지고 있다. 하나님께서 이 '누더기 속의 보석들' 을 위한 센터의 전인 사역을 정녕 축복하신 것이다.[33]

하나님 나라

이제 여기서는 하나님의 계획을 다른 방식으로 묘사하는 중요한 개념을 살펴보자.

하나님의 우선적인 계획은 하나님 나라를 확장시키는 것이다.

예수님은 제자들에게 이렇게 기도하라고 가르치셨다. "(하나님의) **나라이 임하옵시며 뜻이 하늘에서 이룬 것 같이 땅에서도 이루어지이다.**"[34] 하늘에서는 하나님의 뜻과 법과 규례에 따라 하늘에 거주하는 자들이 완전히 순종한다. 땅에서는 하나님의 뜻이 완전하게 순종되지 않지만, 하나님 나라는 하나님의 뜻이 행해질 때 전진한다. 하나님 나라는 예수님의 우선적인 가르침 중의 하나이다. 하나님 나라는 우리가 이해하는 범위보다 훨씬 더 큰 것이지만, 우리가 분명히 알고 있는 몇 가지 사실만 열거해 보자.

- 하나님 나라는 땅과 땅 위에 사는 모든 것을 위한 하나님의 뜻을 드러내어 준다.
- 하나님 나라는 역사 속에서의 하나님의 구속 사역을 성경에서 우선적으로 표현하는 은유[35]이다.
- 죄가 그러한 하나님의 의도를 방해했지만, 하나님의 계획은 하나님 나라를 다시 세우시는 것이다.
- 하나님 나라는 현존하는 실재(實在, Reality)이다. 이것은 아직 완성되진 않았지만, 실질적인 치유와 회복이 현재 일어난다는 희망을 준다.
- 하나님은 그의 백성을 부르셔서, 그리스도의 미래적 통치를 현재 시점에서 표현하도록 하신다. 우리는 그의 가족으로 입양되어, 하나님 나라 안에 이미 들어와 있다.
- 하나님 나라는 하나님의 뜻이 행해질 때 확장된다. 즉, 개인들이 하나님의 의도대로 살고, 다른 사람들과 민족들을 제자로 삼아 그들이 동일한 일을 하게 될 때 확장된다.
- 지역 교회는 이러한 계획을 위한 지상의 중추적 기관이다.
- 왕 되신 하나님께서 우리를 다스리실 때, 우리는 하나님의 치유를 다른 이들에게 전해 줄 수 있는 특권을 누리게 된다.

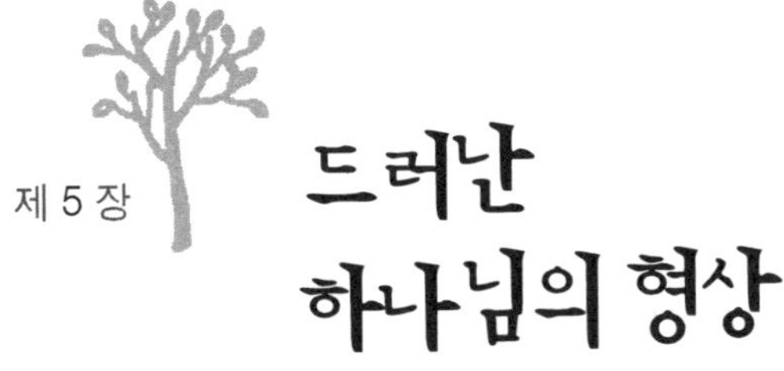

제 5 장

드러난 하나님의 형상

종의 본성을 가진 교회

왜곡된 하나님 형상, 모호해진 하나님 계획

제 6일째에 하나님은 그의 형상대로 인간을 남자와 여자로 창조하셨다고 성경은 말한다.[1] 그분의 형상대로 지으셨으니, 그분이 우리가 그와 화목되기를 바라시는 것은 전혀 놀라운 일이 아니다!

인간은 특출한 존재이다. 하나님 자신이 인간을 만드는 데 본뜰 모형과 모델이 되신 것이다. 다른 피조물도 그의 영광이 반영되긴 했지만, 오직 인간에게만 그는 그 자신을 그토록 충만하게 반영하신 것이다.

하나님 형상을 가진 인간은 하나님의 창조의 '왕관'(Crown)이라고 나는 종종 말한다. 왕관은 최정상이며, 어떤 높고 거대한 것의 최고봉이다. 창세기는 인간이 하나님의 창조의 최고봉임을 드러내고 있다. 왕관은 또한 지고(至高)와 권위의 상징이다. 만약 어떤 나라가 왕이나 여왕에게 왕관을 씌워 준다면, 그 사람은 단독으로 그 나라의 최고 지도자가 된다. 이처럼 하나님께서는 인간에게 모든 창조물에 대한 지도력을 부여하셔서, 땅을 '정복하고', '모든 살아 있는 피조물'을 다스리며, 창조의 모든 광범위한 영역을 관리하도록 하셨다.[2)]

하나님 형상으로 지음받은 인간은 다른 피조물보다 훨씬 더 높은 단계의 하나님 성품을 부여받았다. 바로 다음의 것들이 이에 포함된다.

- 창의성 — 무언가 새로운 것을 만드는 능력[3)]
- 언어 — 말을 통해 생각과 추상적 개념을 의사소통하는 능력
- 관계 — 사람, 자연, 일 등을 상대로 의도적이며 목적 있는 상호작용을 형성하는 능력
- 도덕적 선택 — 건설적인 것과 파괴적인 것을 구별하는 능력과 아름다움을 분별하는 능력
- 종의 도(Servanthood) — 다른 사람을 향해 사랑과 긍휼과 이타심을 가지고 행동할 수 있는 능력

나는 사랑을 하나님 형상이 가진 성품과 분리시키지 않는다. 성경은 "하나님은 사랑이시라"[4)]고 말한다. 이 하나님의 사랑은 위의 모든 특성들 속에 스며들어 있다. 사실 하나님에 대한 모든 것(Everything)이 사랑이다. 특히 사랑은 하나님 형상을 반영하는 어떤 일종의 섬김을 묘사한다. 사도 요한은 사랑한다고 말하면서 불쌍한 형제를 돕지 않는 사람 안에 어떻게 하나님의 사랑

이 거할 수 있는가고 반문했다.[5] 열정적이며 희생적인 종의 도야말로 인간 안에 있는 하나님 형상의 가장 중요한 표지인 것이다.

하나님은 우리의 절망 가운데 오셔서 동일화하시며 우리의 깨어짐을 치유하시기 위해 오셨다. 이처럼 희생하시면서까지 우리와 동일하게 되셔서 우리의 필요를 채워 주시려는 것이 바로 열정적 섬김(Compasssionate Service)이다. 하나님께는 희생적인 섬김이 열정적 섬김이다. 이것이 종의 도의 빼어난 표지로서, 하나님은 이것을 우리 안에 두신 것이다.

이런 종류의 종의 도가 없다면, 다른 모든 특성들은 다음과 같이 부패되고 왜곡될 것이다.

- 창의성으로 원자폭탄을 만들 수 있다.
- 언어 능력은 음란물을 양산할 수 있다.
- 관계는 독재로 변질될 수 있다.
- 도덕적 선택은 인종 청소나 낙태를 정당화하는 데 악용될 수 있다.

인간이 가진 하나님 형상은 창조 이후의 타락 직후 왜곡되기 시작했다. 역설적이게도 하나님과 같이 되고자 했던 잘못된 노력이 인간 속의 하나님 형상을 뒤틀리게 만든 것이다! 하나님은 인간이 하나님 형상의 속성을 가지고 다른 사람들과 피조물을 섬기는 데 사용하도록 의도하셨다. 그 대신에 인간은 이기적으로 행동하고 말았다. 창조주께서 목적한 것과 다르게 행동했다. 인간은 하나님 형상의 성품을 이기적 유익을 위해 사용한 것이다. 인간은 하나님 형상을 왜곡했고, 이 왜곡은 인류 역사를 통해 계속되어 왔다.

예수님의 종의 도에 나타난 하나님 형상

예수님께서 이 땅에 오신 뒤에 사람들은 누군가 하나님과 같은 사람을 볼 수 있게 되었다. 예수님이 바로 하나님의 완전하고 완벽한 형상을 가지고, 인간의 형체로 오신 분이었다. 그분은 하나님의 정확한 현현(顯現)이었다.[6] 우리는 예수님의 신성(神性)뿐만 아니라, 하나님이 의도하신 인성(人性)도 보게 된다. 그분은 하나님 형상으로 지음받은 것이 어떤 것인지를 완벽하게 보여 주셨다. 우리가 예수님을 바라볼 때, 하나님 형상—즉, 창조의 왕관—을 보게 된다.

예수님을 바라볼 때, 우리는 또한 하나님 형상의 가장 중요한 특성, 즉 왕관 위의 가장 빛나는 보석을 보게 된다. 이것은 예수님의 지혜—바리새인들보다 뛰어났던—가 아니다. 그분의 온전한 영성도, 겸손한 자들도 경탄했고 교만한 자들도 잠잠케 했던 관계 기술도 아니다. 이 모든 것들의 조합도 아니다. 왕관의 보석인 이것은 예수님의 열정적 섬김이다.

예수님은 제자 야고보와 요한의 어머니가 했던 요청에 대해 반응하실 때, 종의 도가 무엇인지 확인시켜 주셨다. 그녀는 하나님 나라가 임하면 두 아들을 예수님의 좌우편에 앉혀 달라고 했다. 그러자 예수님은 이렇게 말씀하셨다. "인자가 온것은 섬김을 받으려 함이 아니라 도리어 섬기려 하고 자기 목숨을 많은 사람의 대속물로 주려 함이니라."[7] 바울은 빌립보서에서 이러한 예수님의 종의 도를 확인시켜 주고 있다.

> "그(예수)는 근본 하나님의 본체시나 하나님과 동등됨을 취할 것으로 여기지 아니하시고 오히려 자기를 비어 종의 형제를 가져 사람들과 같이 되었고 사람의 모양으로 나타나셨으매 자기를 낮추시고 죽기까지 복종하셨으니 곧 십자가에 죽으심이라"[8)]

이어진 본문에서 하나님께서 예수님의 종의 도에 어떻게 반응하셨는지를 볼 수 있다.

> "이러므로 하나님이 그를 지극히 높여 모든 이름 위에 뛰어난 이름을 주사 … 모든 입으로 예수 그리스도를 주라 시인하여 하나님 아버지께 영광을 돌리게 하셨느니라"[9)]

예수님은 자발적이고도 희생적으로 종이 되셨기 때문에 하나님께서 그를 높이셨다. 하나님은 예수님에게 주실 수 있는 가장 높은 지위, 즉 모든 이름보다 더욱 뛰어난 이름을 주셨다. 예수님은 어떤 다른 존재들보다 높이 들리셨다. 이런 방식으로 하나님은 예수님을 영예롭게 하셨는데, 왜냐하면 하나님께서 인간을 창조하실 때 의도하셨던 것을 예수님이 완전하게 반영해 냈기 때문이다. 예수님은 하나님 형상에 대한 최고의 실례—즉 자발적이고 열정적이며 희생적인 종의 도—를 완벽하게 보여 주셨다. 하나님은 종과 같은 분이시며, 예수님이 그러한 종의 도를 그대로 따르신 것이다!

바울은 예수님의 종의 도를 소개하면서 다음과 같이 말했다.

"너희 안에 이 마음을 품으라 곧 그리스도의 예수의 마음이니."[10] 하나님 형상으로 창조된 인간도 또한 자발적이고 열정적이며 희생적으로 섬기도록 지음받은 것이다. 우리가 예수님처럼 섬길 때, 하나님 형상을 가장 온전하게 표출하게 된다.

인간은 창조의 왕관이며, 종의 도는 그 왕관의 '보석'이다. 예수님께서 종이 되심으로 영광을 받으실 때, 하나님도 영광을 받으신다. 마찬가지로 하나님의 자녀들이 섬김으로써 하나님 형상을 드러낼 때, 하나님께서 영광을 받으시는 것이다. 예수님은 제자들에게 이렇게 말씀하셨다. "이같이 너희 빛을 사람 앞에 비취게 하여 저희로 너희 착한 행실을 보고 하늘에 계신 너희 아버지께 영광을 돌리게 하라."[11]

성경은 종의 도에 대한 고귀한 부르심을 이렇게 묘사한다.

- 하나님은 우리가 가난한 자와 핍박받는 자를 섬기는 것을 기뻐하신다고 하셨다.[12]
- 예수님은 제자들에게 섬김이 하나님 나라 백성들의 빼어난 표지라고 가르치셨다. 즉, 배고픈 자를 먹이고, 헐벗은 자를 입히고, 병든 자와 갇힌 자를 돌아보는 일이다.[13]
- 순결하고 흠없는 신앙은 과부와 고아—보호가 필요한 이들—를 돌보는 일도 해야 한다.[14]
- 예수님은 우리 이웃을 사랑하고 섬기는 일이 하나님 일의 우선순위라고 강조하셨다.[15]

하나님은 그분의 백성들이 아들 예수님의 형상을 본받기를 원하신다.[16] 이것은 "우리가 … 저와 같은 형상으로 화하여 영광으로 영광에 이르니 곧 주의 영으로 말미암음이니라"[17]는 말씀의 내용처럼 이루어져 나가는 하나의 과정이다. 성령께서 내주하시며 우리를 빚으시고, 또한 우리가 그리스도를 닮는 데 있어 최고의 절정이 되는 종의 도를 실천할 때, 우리는 그리스도의 형상을 본받게 되는 것이다.

교회의 종의 도에서 드러나는 하나님 형상

하나님께서는 그리스도를 통해 그분의 형상을 드러내신 후, 교회 안에서 그분의 형상을 드러내셨다. 교회의 사명 중의 하나는 제자들을 길러 내고 제자들이 하나님 형상을 갖도록, 특히 종의 형상을 갖도록 훈련시키는 일이다. 뒤에 가서 살펴보겠지만, 교회를 통해 하나님의 뜻을 입증해 내고 이루어지게 하는 것이 하나님의 뜻이다. 이 일은 지역 교회가 새신자를 만들고 세워서 종의 대사로 내보냄으로써 성취된다.

하나님은 열정적이고 희생적인 섬김을 일 자체를 위해서 하라고 명령하시지는 않는다. 그분이 그렇게 명령하시는 이유는, 그 섬김이 하나님의 가장 위대한 속성인 사랑을 입증하는 것이기 때문이다. 예수님은 우리에게 하나님과 이웃을 사랑하라고 말씀하셨다. 우리는 사랑받기를 원하는 대로 이웃을 사랑함으로써 하나님에 대한 사랑을 증명해 내는 것이다. 마찬가지로 하나님의 사랑은 그리스도의 열정적 섬김을 통해 세상에 입증되었다. 희생적 섬김은 하나님의 완전한 속성이 오늘날도 여전히 세상 가운데 표현되고 있는 방식이다. 이러한 하나님의 사랑이 인간인 우리를 통해 나타날 때, 그것이 말로만이 아니라 희생적 섬김으로 나타나는 것이다.

하나님의 사랑은 열정적이며 희생적 섬김을 낳는다. 이러한 사랑의 섬김이 깨어진 것을 치유한다. 또한 회복하며 구속한다. 이것이 바로 하나님의 계획이다. 이 일이 성취될 때, 하나님은 영광을 받으신다.

성경적 종의 도에 대한 부르심

많은 그리스도인들—특히 오랫동안 경제적인 착취와 정치적인 압박을 경험한 사람들—이 종의 도의 개념에 대해 상처를 받는다. 그들에게 종의 도란 비자발적인 봉사 혹은 노예적 삶을 의미한다. 이로 인해, 종의 도는 모욕적인 의미로 여겨진다.

비자발적 봉사는 여러 가지 형태로 나타난다. 이것은 불법적인 예속일 수 있다. 또한 경제적 현실에 의한 굴욕적 종속일 수도 있다. 그리고 지적, 사회적, 정치적으로 더 힘 있는 자들 때문에 당하는 원하지 않는 예속일 수도 있다. 이런 것들은 성경이 말하는 종의 도가 아니다. 교회는 종의 도에 대한 성경적 의미를 재천명해야 한다.

만약 우리가 성경적 의미에서의 종이 되지 못했다면, 우리는 변화해야 한다. 여기서 그리스도인의 삶을 먼 길을 가는 하나의 여행으로 상상해 보자. 만약 죄를 범하면, 우리는 잘못된 방향으로 길을 가게 될 것이다. 이때 예수님은 "가서 다시는 죄를 범치 말라"고 말씀하신다. 우리는 다시 돌아서서 다른 방향으로 서게 된다. 다시 돌아설 때, 우리는 길 위의 같은 장소에 서 있게 되는가? 아니다. 새로운 방향으로, 하나님께서 의도하시는 의의 길로 걷게 된다.

사도 바울은 성도들에게 새 사람을 입어 하나님을 닮으라고 권면하였다. 거짓말하는 자는 진리를 말하는 자로, 도적질하는 자는 나누어 주는 자로, 비방하는 자는 세우는 자로, 쓴 뿌리를 가진 자는 용서하는 자가 될 것이다.[18] 자기의 유익만 돌보던 위치에서 돌아서서, 다른 방향, 즉 하나님의 의도이신 다른 사람의 유익을 위해 섬기는 방향으로 돌이키게 되는 것이다.

성경적인 종의 도로 섬기려면 그리스도 안에 거하지 않고는 불가능하며, 성령의 능력을 통해 가능하게 된다. 하나님의 목적은 하나님과 우리가 동역하여 성취한다는 점을 바울은 상기시켜 주고 있다. "항상 복종하여 두렵고 떨림으로 너희 구원을 이루라 너희 안에서 행하시는 이는 하나님이시니 자기의 기쁘신 뜻을 위하여 너희에게 소원을 두고 행하게 하시나니."[19]

하나님은 그분의 자녀들 안에 있는 자신의 형상을 통해 자신을 드러내기를 원하신다. 우리가 그분의 사랑을 표현할 때, 우리가 생명을 변화시키는 하나님의 능력을 표현하는 일차적인 도구가 되는 것이다. 우리는 또한 죄로 인해 황폐화되었으나 이제는 하나님 형상으로 회복된 위대한 생명의 기적을 드러내며 전하게 된다. 우주의 주이시고 우리의 '시장' 되신 분께서 그분의 '백성' 들을 사용하셔서 그분 자신과 그분의 사랑, 종의 도, 형상을 드러내실 것이라고 그 누가 상상할 수 있겠는가?

제 6 장

교회의 목적

드러난 비밀

바울은 에베소 교회에 보내는 서신에서, 하나님의 의도(계시-역주)의 비밀, 즉 죄로 황폐케 된 세상의 회복을 위한 하나님의 계획을 소개하고 있다. 드러난 이 비밀은 더 이상 하나님만의 비밀이 아니다. 이것을 바울은 "그 뜻의 비밀을 우리에게 알리셨으니 곧 그 기쁘심을 따라 그리스도 안에서 때가 찬 경륜을 위하여 예정하신 것이니"[1)]라고 했다.

여기서 '비밀' 이란 이렇게 요약할 수 있다. 아담의 불순종에 의해 깨어졌던 모든 것이 다시 연합되어 화목하게 될 것이다. 창세 전에 하나님께서는 이미 그리스도를 통해 만물을 회복시키시려고 계획하셨다. 이 일은 만물이 그리스도를 통해 창조주이신 하나님의 의도와 뜻과 법칙에 순종할 때 이루어지게 될 것이다.

바울의 말을 좀 더 살펴보자. 비밀의 목적은 "하늘에 있는 것이나 땅에 있는 것이 다 그리스도 안에서 통일되게 하려 하심"[2]이라는 것이다.

그리스도 안에서 통일된다는 것이 무엇일까? 이 계시를 받았던 1세기 때로 되돌아가 생각해 보자. 바울은 비밀을 말하기 전에 이 비밀 속에 당시의 그리스도인들이 포함—물론 오늘의 우리도 포함하지만—되어 있다는 것을 먼저 수신자들에게 분명하게 알려 주었다.

> "모든 일을 그 마음의 원대로 역사하시는 자의 뜻을 따라 우리가 예정을 입어 그 안에서 기업이 되었으니"[3]

우리 자신들도 이 비밀 속에 포함된다. 바울은 비밀을 말하려고 할 때, 그의 서신을 읽는 독자들의 눈이 열려, 하나님의 크신 계획을 따르는 자들에게 약속된 놀라운 유산과 부활의 능력에 대해 깨닫게 되기를 기도했다.[4]

비밀이 드러남

바울은 비밀이란 "하늘에 있는 것이나 땅에 있는 것이 다 그리스도 안에서 통일되게 하려 하심"[5]이라고 했다. 그러면서 에베소 교인들에게 구체적인 내용을 설명하기 시작했다. 그 비밀의 내용을 밝히기 위해 한 구절씩 살펴보자. 이는 매우 중요한 내용으로, 바울이 처음 기록했던 당시와 동일하게 오늘날 우리에게도 진리이다.

"또 만물을 그 발 아래 복종하게 하시고 그를 만물 위에 교회의 머리로 주셨느니라 교회는 그의 몸이니 만물 안에서 만물을 충만케 하시는 자의 충만이니라"[6)]

1. "또 만물을 그 발 아래 복종하게 하시고." 바울은 하나님의 계획은 '만물' 을 그리스도를 통해 화목하게 하신다는 것을 확신했다. 하나님께서 '만물' 을 그리스도의 발아래 두실 것이다.

2. 하나님께서 "그를 만물 위에 교회의 머리로 주셨느니라." 그리스도는 만물의 머리이시다. 이것은 '교회를 위해서' 이다. 하나님께서 왜 만물을 그리스도 아래에 두시는지, 또한 왜 그리스도를 만물의 머리로 두시는지 우리는 알고 있다. 그런데 왜 '교회를 위해' 그렇게 하셨다는 것일까? 그분의 교회를 위해 어떤 목적을 갖고 계신 것일까? 뒤에 에베소서 3장에 가서 바울은 이 사실을 밝히고 있다.

3. 바울은 "교회는 그의 몸이니"라고 말한다. 교회는 그리스도의 몸이다. 몸은 머리가 가진 계획을 수행한다. 분명히 그리스도(머리)의 계획이, 동시에 그의 몸(교회)의 계획이다. 이 사실이 중요하다. 아버지 하나님의 계획과 동일한 계획을 갖고 계신 그리스도의 그 계획을 교회도 역시 동일하게 갖게 되는 것이다!

4. 이제 바울은 그리스도의 몸인 교회는 "만물 안에서 만물을 충만케 하시는 자의 충만" 이라고 묘사한다. 교회는 그리스도의 충만 그 자체이다. 그런데 오늘날 많은 교회들이 그리스도의 충만

이 아니라, 깨어진 세상의 모습을 드러내고 있다. 교회가 그리스도의 충만 그 자체임에도, 아직도 가진 잠재력을 제대로 드러내지 못하고 있다. 그리스도의 충만 그 자체로서의 정체성을 다 드러내지 못한 것이다. 만약 제대로 드러내기만 한다면, 교회는 (그리스도처럼) '만물을 충만케' 할 것이다.

5. 그 다음 에베소서 3장에서 바울은 비밀에 대해 이렇게 설명한다. "이는 이방인들이 복음으로 말미암아 그리스도 예수 안에서 함께 후사가 되고 함께 지체가 되고 함께 약속에 참예하는 자가 됨이라."[7] 그리스도의 몸 안에서 이제 이방인도 한 지체가 된다. 이전에 적대적이었던 사람들이 하나의 가족으로 연합하게 된다. 그리스도께서 분열되고 대적하는 인간들에게 그의 몸, 즉 교회를 통해 화평케 하시는 것이다.

6. 이제 바울은 그가 은혜를 받은 것은 "비밀의 경륜이 어떠한 것을 드러내게 하려 하심이라"[8]고 설명한다. 그는 이 비밀이 어떻게 경영될 것인지를 밝힌다. 여기서 '경륜'은 '참여'라는 의미를 가진 헬라어 코이노니아(Koinonia)에서 온 말이다. 비밀은 그리스도의 피로 깨어진 세상이 하나님과 화목하는 것이다. 따라서 '만물'의 하나님께 대한 화목은 바로 교회의 참여를 통해 일어나는 것이다! 바울은 교회가 그러한 비밀을 경영하는 위대한 역할에 대해 말하고 있다.

7. 바울은 계속해서 설명한다. "이제 교회로 말미암아 … 하나님의 각종 지혜를 알게 하려 하심이니."[9] 하나님의 계획은 만물을 회

복시키는 것이며, 그분의 지혜를 알게 하려는 것이다. 그 지혜는 한 가지 차원이 아니라, 다중적(Multiple) 차원이며, 매우 광범위하다. 하나님의 계획은 단지 영적일 뿐만 아니라, 타락으로 깨어진 모든 것의 회복을 포함한다. 교회는 그리스도의 이러한 목적에 순종할 때, 비밀을 올바로 경영하는 것이며 하나님의 다중적 계획을 드러낼 수 있게 되는 것이다.

8. 동일한 내용이 계속 이어진다. **"교회로 말미암아 하늘에서 정사와 권세들에게 하나님의 각종 지혜를 알게 하려 하심이니."**[10] 하나님의 크신 각종(다중적인) 계획—바울이 하나님 안에서 오랫동안 감춰었던 것으로 묘사하고 있는—이 이제 알려지게 되는데, 이는 지상의 사람들에게만 아니라, 영적 세계의 정사와 권세들에게까지도 알려질 것이다. 이들은 어둠과 악한 영의 세계의 세력들이다. 또한 하나님 나라의 거룩한 천사들과 영적 세력들에게도 알려진다. 교회를 통해 하나님은 사탄과 그의 군대—그리고 모든 영적 영역—에게까지 그리스도를 통해 만물을 회복시키실 것을 알게 하실 것이다. 영의 세계의 정사와 권세들은 지상의 무대에서 하나님의 각종 지혜—즉 화평을 도모하시고, 분열을 제거하시고, 깨어짐을 치유하시고, 그래서 만물을 회복시키시는 모습들—가 나타나는 것을 보게 될 것이다. 이 모든 것은 바로 교회를 통해 이뤄지게 될 것이다!

그러므로 …

하나님은 그의 원대한 계획인 구속의 목적을 교회를 통해—

물론 개개인 신자들만이 아니라, 지역 교회와 전 세계 교회를 통해—이루시길 원하신다. 그분의 계획은 교회가 그 사명을 다 할 때 지역 사회와 나라들 가운데서 성취될 것이다.

그러므로 교회는 한 사회를 변혁시키는 데 있어서 한 국가의 대통령이나 국회의원, 혹은 사업가들보다도 훨씬 더 중요하다. 하나님의 크신 계획을 집행하는 데 가장 핵심적이고 전략적인 기관은 정치계나 경제계가 아니라 교회이다. 우리는 바로 이러한 교회의 머리이신 그리스도를 섬기며, 우리의 시장 되신 그리스도와 그분의 계획인 총체적인 회복을 위해 일하는 것이다!

비밀을 지역에서 드러냄

각 세대마다 각 지역 교회는 한 가지 선택권이 있다. 그것은 지역 사회를 향한 하나님의 계획의 경영자가 될 것인가 말 것인가 하는 것이다. 한 국가 내의 연합된 교회들 역시 동일한 선택권을 갖고 있다. 모세가 애굽에서 인도해 내었던 당시 이스라엘 세대 역시 하나의 선택권을 갖고 있었다. 하나님은 그들에게 말씀하시길, 그들을 위한 하나님의 계획은 그들을 약속의 땅으로 인도하는 것이라고 하셨다. 하지만 그들은 두려워하여 장막 속에 머물러 있었다. 믿음이 부족하여 하나님의 신실하심과 목적을 보지 못했다. 결국 그 세대는 약속의 땅에 이르지 못하였고, 하나님은 그 세대로부터 축복을 거두어 다음 세대에게 넘기시고 말았다.

하나님은 크신 목적을 위해 지역 교회를 택하시고 독특한 장점을 부여하셔서 다음과 같이 이미 준비시켜 놓으셨다.

- 지역 교회는 지역 사회의 축소판이다. 지역 교회가 하나님의 의도에 순종할 때, 그 사회에서 하나님 계획에 부합되는 모델이 될 수 있다.
- 지역 교회가 하나님의 의도에 순종하면, 점차 하나님의 형상과 성품을 드러낸다. 이는 하나님께서 지역 교회를 피조물의 한 부분으로 두신 바로 그 자리에서 하나님의 부섭정(副攝政)의 지위를 가지고 섬기는 것이다.
- 하나님은 교회에 예비하신 지도자를 세우신다. 그러면 지도자들은 하나님의 크신 목적을 위해 교회 성도들을 세우는 일을 한다. 이것은 모든 교회 지도자들의 최고의 임무로서, 하나님의 백성을 구비시켜서 봉사의 일을 통해 하나님의 일을 하게 하며 하나님의 통치를 확장시키는 것이다.[11)]
- 지역 교회는 협력하여 봉사한다. 또한 각 성도들을 세우고 파송하여 그들 각각의 영향력의 범위 내에서 섬기도록 한다.
- 지역 교회는 하나님의 전(全, Whole) 계획을 대표하는 사명을 갖고 있다. 반면 기독교 기관들은 보통 특정한 목표를 위한 협소한 범위의 사명을 갖게 된다.

하베스트 선교회에는 하나님의 계획을 이행했을 때, 개인들과 교회들과 지역 사회들과 심지어 국가들에까지 어떤 영향을 미치게 되는지에 대한 수백 가지의 사례들이 있다. 이 장에서 필자는 일부 사례를 언급하였는데, 본 선교회의 웹사이트에서는 더 많은 사례들을 볼 수 있을 것이다(www.harvestfoundation.org).

제 7 장

교회와 현대 세계

역전의 역전

교회 역사를 돌아보면 교회가 커다란 사회변혁을 일으켰던 예들을 보게 된다. 여기서는 최근 코소보에서 한 선교사 친구로부터 온 이야기를 소개하고자 한다.

시 위원장(코소보의 한 주요 도시)은 우리 팀장을 그의 사무실로 초청하여 우리가 하고 있는 일에 대해 감사를 표하면서 이렇게 말했다.

"나는 여러분이 하는 일을 전폭적으로 지지합니다. 여러분과 같은 사람들이 여기에는 없습니다. 우리 모슬렘 형제들이 해외에서 와서 수백만 달러씩 돈을 쓰지만, 사람들을 도와주진 않고 있죠. 그들은 이 나라 전역에 모스크를 짓고 있지만, 사람들에게 양식은 나눠 주질 않습니다. 입을 옷을 주는 것도 아니고, 여러분들처럼 살 집을 지어 주는 것도 아니에요. 오직 여러분들만이 진정으로 우리를 돌보는 사람들입니다."

모임이 끝날 때쯤, 위원장과 그의 부하 직원들 몇몇은 성경과 신앙서적들을 달라고 하였다. 위원장은 팀장에게 말했다. "가시거든 우리 국민을 도와주세요. 하고 싶은 일은 뭐든지 다 하십시오. 사전에 내 허락을 받을 필요도 없습니다. 그만큼 여러분을 신뢰하니까요."[1)]

확실한 것은 만약 예수님이 시장이시라면 모든 지역 사회는 달라질 것이며, 코소보 사례와 같은 수많은 이야기들이 나오게 될 것이다. 이것이 오늘날 교회가 전 세계에 걸쳐 만들어 내고 있는 긍정적인 변혁의 효과를 지닌 그런 유의 것일까? 지난 150년간 전 세계에 폭발적인 성장에 의해 수많은 새로운 교회와 새로운 성도들이 생겨났다. 한 국가 내에서 그리스도인이 더 많아질수록 그리스도의 통치는 사회의 각 분야에 전적으로 반영되어야 할 것이다. 과거에 인구의 불과 10.5%에 불과한 그리스도인이 로마 제국에 심대한 영향을 끼치지 않았던가!

하지만 불행하게도 오늘날 이와 반대되는 얘기들을 듣게 된다. 수많은 사회에서 교회는 수적으로는 증가하지만, 사회는 동시에 부패하고 있다. 교회는 문화 가운데 강력하고도 가시적인 영향을 주지 못하고 있다.

나는 최근에 아프리카에서 교회를 위해 나와 같은 일을 하던 한 그리스도인 형제를 만난 적이 있다. 1990년대에 그는 남부 아프리카에서 1천1백만 명이 넘는 인구를 가진 한 나라에서 교회 개척 연합사역을 이끌었었다. 이 연합으로 인해 90년대에만

1만 개의 교회가 개척되었다. 그는 교회의 수적 증가가 그 사회에 눈에 띌 만한 변화를 가져다줄 것으로 기대했다. 하지만 반대로 그 나라는 사회의 거의 모든 분야에서 쇠퇴하고 말았다. 부패가 만연했으며, 경제, 보건, 교육 분야도 퇴조했다. 1만 개의 새로운 교회가 탄생했는데도 말이다! 인구의 70%가 스스로를 그리스도인으로 여기고 있는데도 불구하고(그리스도인들 중 33%는 복음주의, 카리스마, 혹은 오순절계 성도들이며, 이 중 단지 20%만이 열심 있는 신자들이다) 이처럼 교회 성장과 사회 변혁이 연결이 되지 않자, 나의 친구는 양심상 더 이상 지도자의 자리를 지키고 있을 수 없었다.

비단 그 아프리카 나라만이 아니다. 과테말라 인구의 40%가 복음주의 그리스도인으로 자처하지만, 이 나라는 여전히 부패, 가난, 종족 분쟁으로 고통받고 있다. UN 보고에 따르면, 과테말라 정부는 지난 1966년에 끝난 36년의 내전 기간 동안에 일어났던 20만 건의 사망과 실종 사건을 해결해 내지 못했으며, 그 사건에 연루된 사람들에 대한 처벌조차 이뤄지지 않았다.[2)]

르완다는 인구의 80%가 그리스도인이라고 고백한다. 그러나 1994년에 끔찍한 인종 학살이 일어나고 말았다.

미국에서는 인구의 85%가 스스로 그리스도인이라고 말하며, 그중 3분의 1이 '거듭난' 신자라고 고백한다.[3)] 그렇지만 미국은 도덕적으로 급격히 쇠퇴하고 있다.

어떤 요인들 때문에, 우리 교회가 사회에 대해 할 능력도 있고, 또한 해야만 하는 변혁적 영향력을 행사하지 못하고 있는 것일까? 우선 몇 가지 요인들을 살펴보자.

교인들은 종종 듣기만 하고 행하지 않는 경우가 많다. 종교개혁 지도자들과 부흥운동 지도자들은 신앙과 행위가 반드시 함께 가야 한다고 설교하고 가르쳤다. 행위 없는 신앙이나 신앙 없는 행위는 있을 수 없다. 그러나 현대의 많은 교회들은 섬김에 대해 가르치지 않는다.

예수님을 주님으로 고백하는 것은 단지 말로만이 아니라 순종을 요구한다. 믿음 자체만으로는 불충분하다. 귀신들조차 예수님이 하나님 아들이며 우주의 주이신 것을 믿지만, 그러나 그분께 순종하진 않는다. 참된 신앙은 성령의 선물이며, 성경적 신앙은 사랑의 순종을 낳는다.

우리는 위대한 명령을 너무 좁게만 해석해 왔다. 오늘날 많은 교회들이 위대한 명령에 사역의 기초를 두긴 하지만, 그 의미를 너무 좁게 해석하여 전도와 교회 개척을 위한 명령으로만 여긴다. 그러나 그 구절의 의미는 매우 넓고 깊으며 지속적인 비전을 담고 있다. 즉 모든 종족들을 제자로 삼고, 세례를 주고, 예수님이 명령하신 모든 것을 가르쳐 지키게 하라고 말하고 있다.

> "그러므로 너희는 가서 모든 족속으로 제자를 삼아 아버지와 아들과 성령의 이름으로 세례를 주고 내가 너희에게 분부한 모든 것을 가르쳐 지키게 하라"[4)]

분열된 사고와 분열된 교회

현대 교회의 '분열된 사고' 때문에 영적 사역과 사회적 사역을 비성경적으로 분리하고 말았다. 또한 19세기에는 개신교회들이 두 개의 분파로 나뉘어져, 한 분파는 전도만, 다른 분파는 사회적 책임만을 강조하게 된 것이다.

- '보수주의 교회'는 전도와 교회 개척을 강조하였다. 성경이 하나님 말씀임을 믿으면서도 세상을 영적 관점에서만 해석했다. 여기에는 대부분의 복음적, 오순절적, 카리스마적, 근본주의적 및 기타 신학적으로 보수적인 교회들과 기관들이 해당된다.
- '자유주의 교회'는 사회에 대한 교회의 책임을 강조하였다. 세상을 바라볼 때, 성경의 문자적 해석의 관점보다 과학과 물리적 관점에서 해석했다. 사회 정의 문제를 다루지만 영적 전도는 중요시하지 않았다. 오늘날 많은 주류 교단들과 몇몇 자유주의 신학 노선의 교회들과 기관들이 여기에 속한다.

어떻게 해서 교회가 이런 분열의 단계에 이르게 되었을까? 이는 먼저 서구[5] 세계의 변화에서 시작되었다. 미국은 내전을 겪었고, 미국 교회는 노예제도와 음주 문제와 '종말론' 문제로 심각하게 분열되었다. 유럽에서는 자연과학이 영향력을 발휘하여, 자연주의(Naturalism)[6] 철학이 발전되었다. '계몽된' 인간은 이제 과학과 인간 이성을 통해 물리적 세계의 현상을 이해할 수 있게 되었다. 모든 것은, 우주의 기원만 제외하고는 과학적으로 설명할 수 있을 것처럼 보였다. 그런데 때마침 식물학자 찰스 다윈이 등장하여 우주의 기원에 대한 해답을 제시하기를, 생명은 우연히 발생하여 아무런 외부의 개입 없이 서서히 진화하여 오늘날 우리가 볼 수 있는 형태로 발전되었다고 주장하였다. 이 진화론—또한 보다 넓은 의미의 자연주의—은 전 세계를 휩쓸었다. 실재에 대한 자연주의적 시각에서는, 인간이 이성과 과학만을 통해 물리적 우주의 진리를 발견할 수 있지만, 영적 세계는 비실제적이며 비현실적이라는 것이었다.7)

사회 복음과 자유주의 교회

자연주의가 19세기 서구의 지배적인 철학이 되자, 교회는 새로운 혼동, 즉 교회의 주장이 과학과 이성에 의해 도전받는 상황에 빠져들었다. 그러자 독일 철학자들은 자연주의를 신학에다 접목시켜 자연주의 시각에서 기독교를 해석했다. 이것이 '고등비평' (Higher Criticism)이라 불리는, 1850년대 유럽의 신학교에서 시작된 하나의 신학 사조이다. 이것을 미국의 주류 교단들과 신학교들이 받아들이면서 점차 전 세계 자유주의 교회들의 강단이 점령당하기 시작했다. 고등비평은 결국 소위 '사회 복음' (Social Gospel)을 탄생시키고야 말았다.

그러자 초점이 미래의 영적인 하나님 나라에서 현재적이고 지상적이고 물리적인 국가—하나의 개선된 사회로서, 사회적 활동과 계몽된 정부 정책과 인간의 노력과 선행 등에 의해 지금 여기에서 이뤄지는—에 대한 강조로 옮겨 가고 있었다. 이것을 믿는 자유주의 교회 진영은 사회적 문제들을 집중적으로 다루기 시작했다. 한마디로 사회 복음이란, 하나님 나라가 선행의 결과로 이 땅 위에 임할 수 있다는 것이다. 그리고 각 개인들은 더 이상 인격적으로 그리스도에게 회심할 필요가 없다는 것이었다.

'대역전' 과 복음주의 교회

이상의 주장은 각 개인이 반드시 거듭나야 한다고 굳게 믿는 보수 진영 교회에게는 이단이었다. 이에 대응하여 복음주의자들은 복음의 변호와 선포에 집중했다. 그들은 하나님의 목적의 영적 부분에 초점을 맞추기 시작했고, 사회적 변화에 쏟을 시간이 별로 없었다. 기독교 역사의 상당 부분에서 교회가 '사회적 변혁을 일으키기 위해 계획된 프로젝트에 엄청난 투자' [8]를 했음에도 불구하고, 보수 교회들이 사회적 관심을 거부해 버린 이러한 사실은 '대역전' (大逆轉, Great Reversal)이란 이름으로 불리게 되었다.[9]

이러한 역전이 일어난 가장 큰 이유는 복음주의자들이 전통적인 성경의 교리들을 강조했기 때문이지만, 거기에는 또 다른 요인들도 있다. 제1차 세계대전 직후, 세계는 환멸의 늪에 빠져들었다. 어디를 보아도 인간의 악이 미치지 않은 데가 없었다. 사회적 봉사 프로그램들은 실패했고, 개혁을 위한 시도도 부질없어 보였다. 인간과 사회는 개혁이 불가능한 대상으로 여겨졌다.

그러자 복음주의 교회는 곧장 전도와 교회 개척에 집중했고,

종종 하나님의 전인적 관심 중 다른 분야는 무시해 버렸다. 복음주의자들은 신학교와 성경대학을 설립하고, 학생들은 전도와 영적 개종에 대한 훈련을 받았다. 그리고 수많은 학교들과 교회들이 '세대주의'에 의해 영향을 받았다. 이 이론은 성경의 역사에 대한 하나의 해석으로서, 존 넬슨 다비(John Nelson Darby)가 창안했는데, 스코필드(C. I. Scofield)가 번역한 성경—1909년에 첫 출판—에 의해 널리 퍼져 가게 되었다. 「스코필드 성경」은 21세기 전반기 동안 수많은 복음주의적 학교와 신학교에서 널리 사용되었다. 이 성경을 기초로 한 참고서와 주석이라면 그 권위를 인정받을 정도였다. 이러한 세대주의 사상으로 훈련을 받은 남녀 학생들이 학교를 졸업한 후 전 세계로 나가 교회를 개척할 때 세대주의적 신앙도 전수했는데, 이것이 결국 보수 교회의 사회적 영향을 훼손시키고 말았다. 결정적으로 잘못된 영향을 주었던 세대주의의 중요한 두 가지 가르침은 다음과 같다.

- 세상은 예수님께서 재림하실 때까지 불가피하게 더 나빠질 것이다.
- 하나님 나라는 오직 예수님 재림 이후의 미래만을 위한 것이다.

'세상은 불가피하게 더 나빠질 것이다' 라는 주장

당시 복음주의자들은 교회가 사회를 치유하는 데 나설 하등의 이유가 없다고 주장했다. 결국 사회는 예수님이 다시 오실 때까지 퇴보될 운명이기 때문이다. 복음주의자들은 세상의 미래에 대해 비관주의적 견해를 갖고 있었으나, 반면 그리스도의 미래 통치를 기대하였다. 세상은 지옥으로 떨어질 것이니까, 필요한 것은 영혼을 구원하여 천국으로 인도하는 것뿐이었다.

세상의 피할 수 없는 멸망에 대한 믿음 때문에, 전도자 드와이트 엘 무디(Dwight L. Moody)가 표현했던 대로, '구명정 심리'(Lifeboat Mentality)가 생겨났다. 그의 유명했던 설교문 중 일부를 나는 이렇게 묘사해 본다. "세상은 가라앉는 배와 같습니다. 하나님은 나를 구명정에 태우시고 구명대를 주시면서, '무디야, 가서 할 수 있는 대로 영혼을 구원하거라. 배는 신경쓰지 말거라. 어차피 가라앉을 거니까' 라고 말씀하셨습니다." 무디 자신은 정작 복음에 의한 사회적 봉사와 관련된 일에 참여했음에도 불구하고, 세상을 가라앉고 있는 배에 비유한 것이 그가 남긴 유산이다. 이러한 믿음을 소유했던 한 세대의 선교사들은 그들이 믿는 그대로를 전 세계로 퍼뜨렸던 것이다.

사실 세상에 악이 존재한다는 점에 무디는 분명히 옳았다. 모든 세대의 그리스도인들은 세상에서(In)—세상의(Of)가 아니라—악의 존재 앞에 분투해야만 했다. 각 세대에 따라 그리스도인들은 사회악에 대해 저항하거나 도망가거나 회피하기도 하고, 스스로 보호하거나 분리하기도 했다. 그러나 세상의 악으로부터 그들과 그들이 사랑하는 사람들을 단절시켰던 성도들은, 하나님께서 그분의 백성들을 사랑하셔서 어두운 세상의 빛이 되어 변혁의 진리를 전하시려는 하나님의 뜻을 비켜가 버리고 만 것이다. 예수님 시대 이후, 각 세대마다 그리스도인들은 그들의 세대에 예수님께서 재림하실 것으로 믿었다. 물론 그렇다. 우리는 그리스도께서 내일, 아니면 다음 주, 혹은 내년에 오실 것처럼 살아야 한다. 하나님 아버지 외에는 아무도 그 날과 시간은 모른다. 예수님은 향후 10년 이내, 혹은 100년 아니면 1천 년 이내에 안 오실 수도 있다. 그러나 그가 오시면, 그가 오실 때까지 그의 교회가 '일하고'[10] 있을 것—즉 그분의 사역을 계속해서 수행하고 있을 것—으로 기대하실 것이다.

'하나님 나라는 오직 미래만을 위한 것이다'라는 주장

위의 사실과 동시에, 세대주의 영향을 받은 복음주의 교회는, 하나님 나라가 그리스도의 재림 이후에 나타나게 될, 미래를 위한 영적 실재라고 가르쳤다.

예수님은 "내 나라는 이 세상에 속한 것이 아니라"[11]고 말씀하셨다. 그러나 또한 "하나님의 나라는 너희 안에 있느니라"[12]고 하셨다. 하나님의 나라는 현재와 미래, 둘 다의 것이다. 예수님은 제자들에게 "나라이 임하옵시며 뜻이 하늘에서 이룬 것 같이 땅에서도 이루어지이다"[13]라고 기도하도록 하셨다. 이 기도에서 하나님의 뜻은 예수님의 재림 이후에 이 땅에 이뤄지는 것이 아니라, 그분의 뜻이 하늘에서 이뤄진 그대로 지금 여기에서 이뤄져야 한다는 것이다. 하나님의 뜻이 땅에서 지금 이뤄지는 만큼, 하나님 나라는 땅 위에 지금 임하는 것이다.

오직 미래에만 관심 있는 하나님 나라에 대한 믿음 때문에, 교회는 만물에 대한 현재의 회복에 대한 관심에서 멀어지고 말았다. 미래의 하나님 나라만을 믿는 그리스도인들은 분명 하나님 나라가 현재 이뤄지도록 애쓰진 않을 것이다.

이제 정리해 보자. 20세기 전반부 동안 수천 명의 새로운 복음주의적 목회자들과 선교사들이 전 세계로 파송되어 선교 활동에 힘썼다. 그들이 서구 밖으로 나가 봉사하면서 전도하고 교회를 개척하고 현지인 목회자를 양성하고 또한 그들 역시 동일한 일을 하도록 했다. 그러면서 한편으로는 의도하진 않았지만, 남미, 아시아, 아프리카 등지에서 전도와 교회 개척만을 강조하는 신앙도 전수한 것이다. 심지어 오늘날까지도 전 세계적으로 그리스도인들은 19세기에 일어났던 교회의 분열과 분열을 둘러싼 철학 사조들 때문에, 교회의 신앙과 사역의 강조점이 좌우되었던 사실은 전혀 모르고 있다.

오순절 및 은사운동에 의해 강화된 영적 부흥

보수주의 교회 진영은 영적 사역에 강력하게 헌신한 새로운 형태의 신앙—오순절주의—으로 인해 빠르게 확장되었다. 또한 불과 십수 년 후에는 은사운동에 의해 더욱 폭발적인 부흥이 일어났다.

오순절주의는 20세기 초반에 시작되었는데, 1901년과 1906년에 미국 내에서의 부흥에 의해 가속화되었다. 오순절주의자들은 복음주의자들과 마찬가지로 영적 사역을 강하게 강조했는데,[14] 개인 구원과 성령 세례와 영적 은사에 강조점을 두었다. 복음주의자와 오순절주의자는 영적 은사에 관한 매우 다른 교리를 갖고 있음에도, 함께 19세기의 자유주의 신학을 반대했다. 복음주의자들이 교정 신학(Corrective Theology)과 성경적 변증학을 가지고 자유주의에 대처한 반면, 오순절주의자들은 하나님 능력에 대한 개인적 체험으로 자유주의에 대항했다.[15] 오순절주의자들은 분명히 인간의 육체적 필요는 인정하지만, 막상 반응은 영적인 방법으로 행하는 것을 보고 어떤 이는 이렇게 지적했다. "왜 영혼은 구원하면서 병자를 위해 기도하지는 않는가? 이 두 가지 행위는 예수님의 사역에서 분리할 수 없는 것들이다. 왜냐하면 예수님은 전파하고, 치유하고, 귀신을 쫓아내셨기 때문이다. 이보다 덜한 일을 우리가 해서 되겠는가?"[16)]

오순절주의자들은 의도적으로 복음의 사회적 의미를 강조하진 않았지만, 초창기 오순절주의자들은 분명히 사회에 대한 다음과 같은 인식을 갖고 있었다.

> 비록 오순절주의자들이 정치에 직접 관여하진 않았지만, 그럼에도 그들의 활동은 정치적이고 사회적인 주장을 표명하곤 했다. 초기 오순절주의자들은 종종 평화주의자인 동시에 금주론자(1920-33년 사이 미국에서 주류의 제조 및 판매를 금지했던 금지법의 지지자들-역주)였다. 동시에 교회 활동에서도 그들은 인종주의와 여성 비하에 대한 반대의 입장을 고수했다.[17)]

오순절운동은 초기에 여러 인종 그룹들이 함께한 운동이었다. 원래 이 운동의 주창자들은 경제적으로 하류층과 중하류층 출신들로서, 그리스도의 임박한 재림이 사회적 문제들을 해결해 줄 것으로 믿었다. 그러나 한편 그들은 경제적 문제와 사회적 소외와 인종차별주의에 맞서서 믿음과 초자연적인 도움과 서로간의 고통 분담 등을 통해 대항했다. 또한 그들은 개인적 거룩함을 추구하며 '세상적' 활동을 자제함으로써, 1세기의 기독교적 가치들을 실천하기 위해 노력했다.[18)] 오순절주의는 20

세기 초에는 단지 소수의 추종자들뿐이었으나, 종말에 대한 깊은 관심 때문에 전 세계적으로 활발한 선교 활동을 펼치기도 했다. 그리스도의 임박한 재림에 대한 긴박감에 사로잡힌 오순절 선교사들은 전도와 교회 개척에 초점을 맞추었고 열매도 많았었다. 20세기 중반에 이르러 오순절주의는 전 세계적으로 폭발적인 부흥의 길로 들어선 후, 그 후로도 수십 년간 영적 사역에 우선순위를 둔 사역을 계속하였다.

은사운동은 1960년대에 미국에 등장했다. 카리스마적 은사들은 더 이상 오순절 교회만의 교리나 제도만이 아니었다. 1970년대와 80년대에는 주류 교단들, 독립교회들 그리고 로마가톨릭 안에서도 은사에 대해 관심을 갖기 시작했다. 이적, 기사, 표적, 영적 능력을 강조하면서, 은사운동은 전 세계에 영적 메시지를 전파하려는 열정으로 차 있었다. 20세기 후반에 걸쳐 은사운동의 일차적 사명은 영적 갱신—개인과 교회의 두 가지 차원에서—이었다. 새로운 교회들과 기관들이 설립되었고, 새로운 활동들이 전개되었다. 훈련된 일꾼들은 전 세계로 흩어져 우선적으로 전도, 예배, 부흥회, 치유와 이적 집회, 교육, 문서, 음악, 미디어 등을 통해 메시지를 전파하였다.

오순절과 은사운동은 영적으로 굶주렸던 사회에 영적 갱신을 가져다주었다. 하지만 세상에는 신체적이며 사회적인 굶주림 역시 존재하고 있었다. 사실상 많은 보수적 교회들은 분명히 물리적/사회적 필요를 채워 주기도 했지만, 보통 단지 이차적 관심사에 불과했다. 사실 '대역전'에도 불구하고 보수교회 모두가 신체적, 사회적 영역의 사역을 중단하진 않았다. 국내외에서 병원, 진료소, 학교, 고아원, 구제 시설 등을 세우고 운영하기도 했다. 그들이 한 봉사는 긍휼의 마음으로 행한 것이었다. 그럼에도 불구하고 그들이 봉사활동을 한 이유는—그런 일을 직접 한 사람들조차도 평가하기를—신체적이고 사회적인 깨어짐에 대한 하나님의 관심을 표현하기 위해서보다는 전도의 도구, 즉 전도라는 더 큰 목표를 위한 수단이었다고 평가하기도 한다.

신체적 및 사회적 사역 — 왜? 어떻게?

이 주제에 대해 계속 생각하고 있는 그리스도인들을 위해 강하게 주의를 환기시키고자 하는데, 이는 두 가지 이유에서다.

- 첫째, 우리는 긍휼의 행위를 이행하지 않는 데 대해 정당화하지 말아야 한다. 어쨌든 우리는 우리 이웃을 사랑하라는 명령을 받고 있기 때문이다.
- 둘째, 긍휼의 행위가 반드시 긍정적인 영적 반응을 얻어야만 하는 것은 아니다. 예수님은 열 명의 나환자를 낫게 하셨지만, 오직 한 명만이 주님께 다시 돌아왔을 뿐이다.

우리는 스스로 다음의 질문들을 던지면서 섬김의 행위를 계속 평가해야 한다.

- 우리가 도우려는 사람들이 조작당하고 있다는—혹시 전도하려고 저러는가?—인상을 갖지 않도록 하기 위해 어떻게 행동해야 할 것인가?
- 사람들을 단지 '영혼'으로서가 아니라 하나의 인격체로서

사랑하고 있음을 어떻게 보여 줄 수 있는가?

- 만약 그리스도인인 우리가 모슬렘이나 힌두교인이 운영하는 병원에 갔을 경우, 우리를 위한 의료적 도움보다 우리의 개종에 더 큰 관심을 갖고 있는 것처럼 의심이 가는 의료행위를 할 때, 어떤 느낌이 들 것인가?

제2/3세계에서의 교회 사역

두 가지 서로 다른 서구의 모델들—사회복음과 복음적인 영혼 구원—은 19세기와 20세기 초반에 제2/3세계에 그대로 복사되었다. 이는 자유주의와 복음주의 선교사들이 서로 다른 신학과 제도들을 가지고 그곳에 가서 전파했기 때문이다. 복음주의 선교사들은 비록 때때로 의료, 교육, 고아원 운영을 하기도 했지만, 궁극적 목적은 항상 영적 개종이었다. 그런데 오히려 선교지의 교회 지도자들이 전도와 사회적 행동을 통합시키기도 했다. 예를 들면, 일본에서 토요히코 카가와(Toyohiko Kagawa) 목사는 유명한 전도자이자 사회개혁가로서 1930년대에 일본에서 기독교 사회활동에 대한 대변인이었다.[19)]

교회가 서구권 밖으로 확장되어 나갈 때, 현지의 교회는 보통 강력한 민족주의적 정서와 함께 독립심을 가지게 되었다. 그런데 이런 현상은 가부장주의와 의존성 문제에 대한 부정적인 영향 때문이기도 했다. 여기서 필자는 지난 25년간 제2/3세계의 지역 교회 지도자들과 선교 기관들과 개발 기관들과 함께 동역해 오면서 발견한 가부장주의와 의존성 문제에 대해 언급하고자 한다.

선교사들과 봉사 기관들이 미처 의식하지 못한 가운데 갖게 되는 가부장주의로 인해, 종종 제2/3세계 지역 교회가 실시하는 전인 사역이 좌절되곤 했다. 이 말이 거북스럽게 들리겠지만, 필자 자신이 관찰해 온 사실이다. 대부분의 개발 기관들처럼, 대부분의 선교사들이 물질적으로 풍요로운 서구 출신들이다. 역사적으로 그들의 선교적인 노력은, 현지 주민이 외부로부터의 돈과 자원과 기술이 없이는 스스로 자립할 능력이 없다는 가정 하에 시도되었다. 외부 자원은 프로젝트를 개발하고 유지하는 데 사용된 반면, 현지인은 하나님이 그들에게 주신 자원을 찾아내어 사용할 수 있도록 하는 데에는 종종 아무런 도움도 받지 못했다. 좋은 의도를 가진 서구인들의 수많은 노력들이 실제로는 의존성을 불러일으키고 가난의 심리를 오히려 강화시켜 준 셈이었다.

그러나 모든 민족들은 하나님께서 선진국들에게 주신 것처럼 그들 가운데 동일한 지성, 능력, 창조성, 하나님의 형상을 주셨다는 것을 깨달아야 한다. 그들을 향한 하나님의 비전을 깨닫고 하나님이 주신 잠재력과 자원을 발견해 낼 수 있도록 격려해야 한다. 르완다와 코소보의 국민들은 이미 평화와 번영을 누리고 있는 나라의 국민들처럼 동일한 잠재력을 갖고 있다. 그들도 하나님의 형상으로 지음받았기 때문에, 하나님이 주신 잠재력을 지니고 있다. 하나님은 모든 민족 가운데 그들이 가진 모든 자원을 가지고 모든 민족을 능히 세우실 것이다.[20]

사람들이 스스로 가진 자원을 찾아보도록 격려할 때, 우리는 종종 성경에서 많이 가진 자가 적게 가진 자를 도와야 한다는 말씀을 상기하곤 한다.[21] 물론 이것은 사실이다. 그러나 현지의 지역 교회 신자들이 하나님을 바라보며 이미 주신 자원을 사용하기도 전에, 외부의 자원이나 물질이 주어져 버리면, 그 땅을 고치시려는 하나님의 뜻이 외부의 도움 때문에 무산되거나 지연될 수 있다. 현지와 외부가 함께하는 이런 종류의 협력은 그만큼 위험도 따르는 법이다. 남미에서 목회자를 훈련하는 한 사역자의 말을 들어 보자.

> 일과 일을 맡을 사람을 즉각 결정해 버리는 서구의 성향은 개발도상국가들 때문에 더 강화되었다. 이는 개발도상국들이 자신들이 가진 지역적 잠재력을 발견하지 못하기 때문이다. 그들은 자신들이 가진 개발 자원에 대해 잘못된 생각을 갖고 있다. 이런 가난의 심리가 가난한 환경보다 더 나쁜 것이다.[22]

이러한 가부장주의를 포함하여, 신학적 분열과 민족주의의 도전에도 불구하고, 복음주의와 은사중심 및 오순절 교회는 비서구권에서 20세기 말까지 계속 성장하고 있었다. '기독교권'인 서구가 매일 7,600명의 신자를 잃고 있을 때, 아프리카 사하라 남부 지역의 교회에는 매일 16,400명의 새신자가 생기고 있었다. 그리고 한국에서는 매일 여섯 개씩의 새로운 교회가 개척되고 있었다.[23] 이처럼 제2/3세계에서 교회는 넘쳐나고 있었다. 그런데 이 교회들은 어떤 종류의 교회가 될 것인가? 그리고 이 교회들은 그들 주위의 세상에 어떤 영향을 주게 될 것인가?

교회의 커다란 손실

19세기와 20세기의 교회는 비극적인 손실을 겪었다. 전 세계 교회와 신자들이 성장하고 있음에도 불구하고, 교회는 주위의 문화에 대한 영향력을 상실하고 만 것이다.

교회는 신체적 영역과 영적 영역을 비성경적으로 분리하는 교리를 발전시켰고, 또한 '말씀'과 '행위' 역시 비성경적으로 서로 격리시켰다. 자유주의 교회는 초자연적인 것, 성경의 권위, 개인 구원에 대한 인식을 멀리했다. 반면 보수주의 교회는 하나님이 관심을 가지신 창조의 전 영역에 대한 봉사의 열정을 상실했다.

교회는 무언가를 도둑맞은 셈이다! 하지만 교회가 이런 분열을 조장한 것이 아니다. 자연주의가 그렇게 한 것도 아니다. 역사적 사건들 때문도 아니다. 여러 복합적 요인들이 작용하긴 했지만, 바로 사탄이 분열을 획책한 것이다. 사탄은 교회를 미워하여 파괴하기 원한다. 사탄이 교회의 양 진영을 '기만'한 것이다. 이제 교회는 사탄이 가로채어 간 영역을 되찾아야 한다. 우리는 또한 우리의 믿음 앞에 진실할 필요가 있다. 물론 양 진영 간에 서로에 대한 비판을 회개하며 함께 섬기는 방법을 모색해야 한다. 우리는 영적으로 잃어버려진 사람들과 영적/신체적/사회적으로 깨어진 사회, 둘 다를 향해 접근할 방법을 찾아야 한다. 전(全) 교회가 교회의 전(全) 사명을 재천명해야 한다. 한 친구가 나에게 교회의 각 지체는 서로에게 줄 수 있는 뭔가를 갖고 있다고 귀띔해 준 적이 있었다. "자유주의 교회는 우리에게

(세상의) 필요에 대해 알려 주거든. 그런데 복음주의 교회는 (그 필요를 해결하는) 계획을 제시해 주고, 은사/오순절 교회는 그 계획 안에 하나님이 계신다고 상기시켜 준다네!" 24)

'대역전의 역전' — 교회의 사회적 책임으로의 회귀

복음주의 교회의 사회적 관심에 대한 거부 경향은 한때 '위대한 역전' —교회가 사회적인 봉사의 전통으로부터 떠난 일—으로 불렸다. 하지만 마침내 보수주의 교회는 사회적 관심—물론 여전히 전도에 초점을 두고 있지만—을 다시 갖기 시작했다. 이것은 '대역전의 역전' 으로 불리고 있다.25)

전 세계 수많은 지역에서 저항운동이 거셌던 1960년대에, 보수 교회는 과거에 부인했었던 사회적 실재에 대한 각성이 일어났다. 초기의 전환점은 1974년 스위스 로잔에서 개최된 세계복음화대회(International Congress on World Evangelization)에서였다. 전 세계 150개 국 이상에서 온 참석자들이 함께 만나, 전도와 사회적 책임, 두 가지 모두를 주요 신조로 기록한 로잔언약에 서명한 것이다.26) 또한 후속 작업으로 1982년의 회합을 통해 「전도와 사회적 책임: 복음주의적 헌신」이란 보고서를 출판하였다. 이 보고서에서 사회적 활동은 전도의 결과이자 전도의 다리라고 정의했다. 이 둘은 복음에 의해 함께 연합된 동반자이다. "왜냐하면 복음은 뿌리이며, 전도와 사회적 책임은 둘 다 복음의 열매들이기 때문이다." 27)

이듬해에는 휘튼 '83대회(Wheaton '83)가 열렸다. 전 세계에서 온 복음주의자들은 서로 만나 인간의 필요에 대처하기 위한 성경적 원리와 새로운 방법을 탐구했다. 대회를 통해 어떻게 전인 선교와 전도와 교회 개척을 통합할 수 있는지를 알기 원했다. 필자도 그 대회에 참석하여 대회를 통해 출판된 「인간의 필요에 응답하는 교회」란 책의 한 장을 쓸 특권을 누렸었다.[28]

이 이야기는 1983년에 다 끝나지 않았다. 더 많은 목소리들이 일어나 전(全) 교회로 하여금 전(全) 복음으로 돌아오도록 요청하게 되었다. 십수 년이 지난 지금도 여전히 해야 할 일은 많지만, 더 많은 사람들이 이 비전을 깨닫고 목소리를 높이고 있다. 많은 이들이 전세를 역전시키기 시작한 것이다. 이런 비전을 품고 실천하는 이들이 늘어나고 있다. 동부 아프리카의 오순절 교회들, 아시아의 셀 교회들, 북아프리카의 복음주의 교회연합, 미국 내의 다양한 독립 교회들, 남미의 여러 대 교단들, 동유럽의 아파트 교회들, 태평양 지역의 은사중심 사역, 영적 사역과 사회봉사를 통합하는 주류 교회들 그리고 전 세계에 걸쳐 예수님의 삶의 모습을 따르는 사람들 가운데서 실천되고 있는 중이다.

여기서 또 다른 중요한 현실을 인식할 필요가 있다. 주님은 종종 지역 교회 지도자들을 인도하셔서 성경과 기도를 통해 전인사역 원리를 발견하게 하신다. 다음은 1980년대 하베스트와 사역했던 한 시골 교회의 탄생에 대한 놀라운 이야기이다.

유럽에서 온 어떤 선교사가 멕시코의 산악지역에 홀로 들어갔다. 그곳은 아편 재배, 불법, 끔찍한 복수 행위로 악명 높은 곳이었다. 그는 사람들에게 예수님을 소개했는데, 한 남자가 주님께 돌아왔다. 선교사는 그 다음 주에 다시 돌아와 그 남자에게 세례를 주려고 했다. 그런데 그 남자는 이미 살해당하고 말았다. 그는 마을의 가족들 간에 계속되던 복수 행위에 연루되었던 사람인데, 더 이상 총을 가지고 다니지 않기로 결심했기 때문이었다. 선교사는 세례를 주는 대신 장례를 치러야 했다. 그 남자는 살해당하기 전, 또 다른 한 남자를 주님께 인도했었는데, 그 새로운 남자가 나중에 마을에서 목회자가 되었다. 선교사는 정기적으로 그 마을로 들어가 그를 훈련시켰는데, 곧 새로운 남자 신자들이 생겨나 양육을 받았다. 그들은 선교사에게 교회를 어떻게 시작할 수 있는지를 물었다. 선교사는 며칠간 산으로 올라가서 금식하고 기도하며 신약을 연구해 보라고 말해 주었다. 그들은 또한 그들의 신앙이 지역 사회를 향해 어떤 의미를 갖고 있는지에 대해 물었는데, 선교사는 그것 또한 하나님께서 대답해 주실 것이라고 확신시켜 주었다. 결국 하나님은 그렇게 하셨다! 그들은 야고보서를 읽으면서 과부를 돌보는 일이 중요함을 알았다. 하나님은 "너희 마을에 일곱 명의 과부가 있지 않느냐. 내가 원하는 첫 번째 일은 이 과부들 각자를 위해 집을 지어 주는 것이야"라고 하셨다. 그 여인들은 끝없이 반복되던 불화와 복수 때문에 과부가 된 것이었다(사실 그런 여인들을 위해 집을 지어 주는 것은 그들의 문화를 거스르는 일이다. 마쵸[29] 문화가 만연된 곳에서 남자들이 자신들을 위해 집을 짓는다면 몰라도-더욱이 이들은 지도자니까-아낙네들을 위해 그런 일을 할 수는 없는 노릇이었다). 게다가 그 지역 사회는 여러 가지 필요들이 많았다. 수도, 진료소, 교회 건물, 화장실, 반듯한 도로, 전기 등등이다. 그러나 하나님은 과부들을 위한 집을 지어 줌으로써 하나님 나라를 먼저 보여 주라고 말씀하셨는데 그들은 순종하였다! 지역 사회는 깜짝 놀랐다. 마침내 그 지역 사회에서 한 가정을 제외한 모든 가정들이 그리스도께 돌아왔다. 하나님께서 그들의 섬김을 사용하셔서 그곳에 부흥을 가져다주신 것이다. 교회는 성장했고, 남자들은 종종 산으로 가서 금식하고 기도했으며, 그 마을과 이웃 마을들에까지 많은 변화가 일어나게 되었다.[30)]

오늘날 교회들 가운데 새로운 실바람이 불고 있는데, 교회들이 하나님의 완전한 의도를 실천하는 대사가 되는 길을 배우고 있는 것이다. 이 바람은 성령님께서 주신 표식으로서, 깨어진 세계를 향해 하나님의 계획을 보여 주려는 소원을 불러일으키고 있다. 이 바람을 타려는 개인들과 교회들이 나오고 있다. 필자가 기도하는 것은 하나님께서 그들을 사용하셔서 이 가느다란 바람을 강력한 바람으로 바꾸시게 하는 것이다.

불완전한 예배에서 돌아서라는 외침

균형이 잡히지 않은 신학 때문에 행해진 사역은 멀리 구약 시대부터 나타났다. 이사야서 58장의 첫 구절에서, 하나님은 이사야에게 말씀하신다. "크게 외치라!" 하나님은 자신의 거대한 계획에 대한 백성들의 몰이해를 강력하게 바로잡으려 하셨다. 하나님은 이사야에게 가서 "말하라"가 아니라 "외쳐라"라고 하셨다. 하나님이 전하려는 메시지는 통상적인 메시지가 아니었다. 만약 외치지 않으면 사람들이 듣지 않을 터였다. "아끼지 말라!" 라고 하나님이 말씀하셨다. 필자는 이사야에게 명령하시는 장면을 이렇게 상상해 본다. "트럼펫을 불듯이 목소리를 높여라! 네가 지나치다고 싶을 정도로 크게 외치지 않으면 사람들이 듣지 않을 것이야!"

하나님은 계속 말씀하신다. "그들이 날마다 나를 찾아 나의 길 알기를 즐거워함이 마치 의를 행하여 그 하나님의 규례를 폐하지 아니하는 나라 같아서 의로운 판단을 내게 구하며 하나님과 가까이 하기를 즐겨하며 이르기를 우리가 금식하되 주께서 보지 아니하심은 어찜이오며 우리가 마음을 괴롭게 하되 주께서 알아주지 아니하심은 어찜이니이까 하느니라." 이 구절들을 의역해 보자. "저들은 날마다 내 말에 주의를 기울인다. 내가 무엇을 원하는지 열심으로 알기 원하는 것 같구나. 마치 그들은 옳은 길을 가고 있는데, 단지 조금만 '바로잡을' 것이 있는 것처럼 말이다. 그러나 전혀 그렇지 않다. 그들은 내 계명에 등을 돌리고 있다! 그러면서 내게는 정의를 요구하고 올바른 판단을 해달라고 요청하는구나. 그들은 나더러 그들에게 와 달라고 간절하게 요구하고 있지. 게다가 금식까지 해 가면서 이렇게 불평하고 있구나. '우리가 금식까지 하면서 겸손히 낮추고 있는데, 하나님은 관심도 없으신 것 같네요!'"

하나님은 이어서 말씀하신다. "내가 관심을 안 두는 이유는 너의 겸손이 바로 죄이기 때문이야. 그건 너희들이 생각하기에 내 목소리 앞에서 겸손하게 열려 있다고 스스로 생각하는 것이다. 그건 반역일 뿐이다. 너희가 종교적 행사를 통해 겸손하게 보이려고 하고 … 기도에 힘쓰는 것처럼 나타내고 … 나의 법과 뜻을 살피는 것처럼 나타내 보이려고 하기 때문에 반역인 것이다. 겉으로 보기에는 훌륭해 보이지. 그렇지만 반역이고 죄야. 왜냐고? 너희들이 듣기만 하고 실천하지 않기 때문이야!"

이스라엘 백성들은 하나님이 원하시는 대로 예배하고 있다고 여겼다. 그들은 금식과 같은 종교적 활동을 통해 하나님의 축복을 받을 것으로 여겼다. 그러나 그들이 하나님의 관심은 분명히 끌었겠지만, 하나님의 인정을 받지는 못했다. 그들이 던진 질문을 통해 그 동기를 알 수 있는데, 하나님의 축복의 징표가 보이지 않자 그들이 불평한 것이다. 하나님은 대답하셨다. "너희의 오늘 금식하는 것은 너희 목소리로 상달케 하려 하는 것이 아니라."[31] 하나님은 다른 사람을 긍휼과 정의로 대하지 않는 사람들이 베푸는 '겸손한' 종교적 활동들을 기뻐하지 않으신다. 금식 행사는 지키지만, 이타심—사랑의 섬김—의 모습은 없기 때문이다.

당시로부터 수세대가 지난 이후, 하나님은 고난의 종을 그들 가운데 보내실 것이었다. 그분을 주님으로 부를 사람들 모두가 하나님 나라로 들어가는 것은 아니라고 예수님은 말씀하실 것이다. 그 대신 그들은 이런 말을 듣게 될 것이다. "내가 너희를 도무지 알지 못하니 불법을 행하는 자들아 내게서 떠나가라!"[32] 예수님은 왜 그들을 '불법을 행하는 자들' 이라고 불렀을까? 이유는 그들이 그분의 교훈을 들었지만, 그대로 따르지 않았기 때문이다!

이사야 58장에서 하나님은 용납할 수 없는 예배가 어떤 것인지 명확하게 언급하신 다음, 원하시는 예배가 무엇인지를 설명하신다. 이것은 세 쌍으로 된 절들, 혹은 대구(對句)로 나타나 있다. 각각의 대구에서 하나님은 받으실 만한 예배의 '행동들' 을 설명하시고, 이어 그 예배로 인한 축복을 설명하셨다.

- 첫 번째 대구에서, 진정한 예배는 힘없는 자들의 신체적, 사회적 깨어짐을 보살피는 것을 포함한다고 말씀하신다. 그런 다음 이것을 순종하면 이스라엘 자신의 깨어짐을 치

료하시겠다고 약속하신다.

- 두 번째 대구에서, 진정한 예배는 사람들 간의 화목을 포함한다고 말씀하시고, 힘없는 자를 돌볼 필요에 대해 재차 확인하셨다. 그리고는 성경에 나타난 가장 아름다운 언어 표현들 중의 하나를 사용하셔서 하나님은 치유를 약속하신다.
- 세 번째 대구에서, 하나님은 영적 안식일 행사를 정하셨지만, 사랑이 없는 영적 행사는 받아 주시지 않을 것이다. 특히 안식일을 거룩하게 지키는 자들은 자기 길로 행하지 않고 타인에 대해 '쓸데없는' 말을 금해야 한다. 그리고서 하나님은 그들이 듣고 순종하면 기쁨과 회복과 유업을 주시겠다고 다시금 약속하신다.

이사야 58장은 참된 영적 예배에 대한 균형 잡힌 시각을 제공해 준다. 그것은 의무와 율법의 외형적 표현이 아니라 내적인 마음의 태도로서, 결국 하나님과 타인을 섬기는 행동으로 나타나야 하는 것이다. 이사야서 58장이 우리에게 '외치는' 것은 하나님께 순종하지 않고 종교적 형식만 드러내 보이는 것은 반역이라는 것이다.

사도 바울은 디모데에게 '경건의 모양'을 가진 자들과 "항상 배우나 마침내 진리의 지식에 이를 수 없"는 자들을 경계하라고 주의를 환기시켰다.[33] 사탄은 우리가 종교성에 집중하도록 만드는 것을 즐겨 한다. 사탄이 그렇게만 할 수 있다면, 하나님의 의도를 뒤집게 되는 것이다. 하나님을 예배하고 있다고 여기면서도, 섬김 없는 종교적 행사는 열납될 수 없다. 그건 죄이다. 만약 종교적 활동만으로 하나님을 예배하려 한다면—섬김에 대한 하나님의 요구는 모르는 채—의도하지 않은 죄를 범하는 셈이다.

나는 이런 종류의 의도하지 않은 죄가 현대 교회 안에 있다고 생각한다. 의도하지 않은 죄는 회개와 변화가 필요하다. 이에 대해 다음과 같이 해 보기를 권면하고 싶다.

- 먼저, 성령님께서 교회 지도자들과 성도들을 인도하셔서 하나님께 적절한 예배를 드리는 데 충실하지 못했음을—무지, 혹은 무감각했거나 불순종 때문에—깨닫고 회개하게 해 달라고 해 보라.
- 다음, 세상에 살고 있는 하나님의 대사로서의 교회의 역할에 대한 하나님의 의도를 새롭게 드러내 주시도록 성령님께 간구하라.
- 그 다음, 하나님의 계획으로 깨달아지는 것에 대해 순종하라. 개인적/교회적으로, 또한 지역 사회의 신체적, 사회적, 도덕적 깨어짐에 대해 신실하게 반응하라.

요 약

예수님은 다시 오실 때까지 교회가 '일하는 것' 을 기대하신다. '일하는 것' 이란 '그분의 과업을 하는 것' 이다. 말하자면, 만약 예수님이 시장이시라면 하실 과업들을 교회가 대표로 적극 나서서 그 일들을 하는 것이다.

- 교회는 개인들을 무장시켜 사회로 내보내어—즉, 성도 개개인이 삶의 모습을 보여 주고, 또한 대화를 통해 하나님의

방법이 사회적인 선을 위해 유익한 것이라고 사회를 설득할 수 있도록— '일하는 것' 이다.

• 교회는 또한 하나의 집합적인 실체로서 스스로를 조직하여 사회 속으로 들어가 깨어진 것을 치유하는 자로 '일하는 것' 이다.

각 지역 교회와 목회자와 성도들은 하나님의 보다 큰 계획에 종사함으로, 예수님이 시장이시라면 하실 일들을 찾아서 실행해야 한다. 또한 각 문화권의 교회들은 각각 상황에 맞는 사회적, 신체적 사역이 어떤 것일까를 생각할 필요가 있다. 남미에서는 강한 로마가톨릭 배경과 해방신학에 대한 경험으로 인해, 그곳 현실에 맞는 전도와 사회적 관심의 형태를 갖고 있다. 아프리카 그리스도인들을 전인적으로 섬기고자 할 때, 그들 문화의 정령숭배적 뿌리를 고려해야만 한다. 아시아 지역에서는 대량의 기아와 미복음화 된 사람들과 정부의 반대 문제에 대처해야 한다.[34] 미국인들은 개인주의를 소중히 여기기 때문에, 교회는 모든 사람들을 위한 공동선에 대한 관심을 지속적으로 재인식시켜 주어야 한다.

그리스도는 모든 것의 주이시다! 성경적 의미의 변혁이란, 교회가 개인과 지역 사회의 삶의 모든 영역에서 그리스도의 주 되심을 선포하고 보여 줄 때까지 일어나지도 일어날 수도 없을 것이다. 세상은 하나님의 사랑을 듣고 경험할 때까지는 하나님의 긍휼을 알기가 어렵다. 교회 성도들이 사회에서 영적, 사회적, 신체적 도움이 필요한 사람들을 위해 하나님의 강력한 증인이 된다면 이를 목격하는 사람들이 이렇게 고백하는 것을 듣게 될 것이다. "이 사람들의 하나님은 얼마나 사랑이 많고 위대하신 분이신가!"

제 8 장

하나님의 목적을 성취하는 교회의 특징

교회는 하나의 거대한 목적을 가지고 있다. 즉, 만물을 회복시키려는 하나님의 계획을 완수하는 것이다. 이는 결코 작은 과업이 아니다! 하나님의 목적을 성취하려는 교회는 하나님의 성품과 능력을 보유해야 한다. 그리고 교회는 쓰임받을 수 있어야 한다. 또한 시장으로서의 예수님이 마음속에 두고 있는 과업과 계획을 실천해야 한다. 앞의 장에서는 사도 바울이 에베소 성도들에게 교회의 주요역할에 대해 무엇을 가르쳤는지 살펴보았다. 이제 에베소서를 다시 보면서, 만약 우리 시장님이 하시는 일에 효과적으로 쓰임받으려면 우리—교회—가 가져야 할 네 가지 필수적인 특징이 무엇인지 알아보자.

- 겸손
- 사랑
- 섬김(봉사)의 일
- 연합

이런 것들은 '유용성(有用性)의 특징들'로서, 이것이 있어야 교회가 하나님의 계획에 유용하고도 효과적인 도구가 될 것이다. 만약 이런 것들이 없다면, 전 세계의 교회와 지역 교회는 교회로서의 표지를 잃게 될 것이다.

겸손의 특징 (엡 2:1-9)

에베소서 2장에서 바울은 우리의 본래 모습을 상기시켜 준다. 우리—및 나머지 모든 깨어진 세계—는 불순종으로 인해 하나님의 진노의 대상이었다. 그런데 하나님의 한없는 자비로 우리는 구원을 받았다. 그 구원은 우리가 지닌 가치나 행위와는 전혀 상관없는 것이다. 그래서 우리에게 하나님께서 어떤 역할을 맡기시든 간에 진정 겸손한 태도로 충성해야 한다. 하나님께서 교회에 주신 역할 또한 우리가 마땅히 받음직한 일을 했거나, 하고 있거나, 또 할 수 있거나 하는 그런 것이 아니다. 게다가 우리는 여전히 넘어지거나, 다른 사람들을 이기적으로 대하거나, 하나님의 형상을 잘못 드러내거나 할 수 있다. 따라서 이 역할을 수행해 나갈 때 교회는 반드시 겸손으로 옷 입어야 한다. 우리의 맡은 역할은 획득한 게 아니라 하나님의 선물이기 때문이다. 우리는 결코 자랑할 자격이 없다고 바울은 말한다.

> "너희가 그 은혜를 인하여 믿음으로 말미암아 구원을 얻었나니 이것이 너희에게서 난 것이 아니요 하나님의 선물이라 행위에서 난 것이 아니니"[1)]

겸손하게 되면 교회 내에서 지도자의 자리를 우선적인 소명으로 여기는 시각을 극복할 수 있게 된다. 남미의 어떤 교수가 이렇게 말했다.

> 내가 신학교에서 학생들에게 그들의 소명에 대해 질문했을 때, 몇몇 학생은 소명을 그들이 가진 지도자적 지위에 관련시켜서 대답했다. 말을 좀 바꾸어 그들이 어디에 관심을 두고 있는지를 물었을 때, 그들은 "아 … 무슨 말씀인지 알겠네요" 하더니 "저는 깨어진 가정들에게 관심이 있습니다"라든지, "아이들에게 관심을 갖고 있어요"라고 대답하였다.[2)]

사람들을 향한 이러한 마음은 하나님의 선물이다. 부르심을 입은 자들은 자랑할 이유가 없으며, 오히려 그 마음으로 섬겨야 한다. 겸손은 또한 교회 성도들로 하여금 무조건적인 사랑으로 다른 이들을 섬기게 한다.

사랑의 특징 (엡 3:17-19)

교회는 "만물 안에서 만물을 충만케 하시는 자의 충만"[3)]이라고 바울은 에베소서 1장에서 말하고 있다. 어떤 사람은 혹시 이렇게 생각할지도 모른다. "그건 … 내가 알고 있는 교회가 아닌데 …

교회에 문제가 얼마나 많은데, 어떻게 그런 교회가 될 수 있겠어?"라고 말이다. 하지만 바울은 3장에서 충만을 언급하면서 그 의미를 다음과 같이 명확하게 설명하고 있다.

> "믿음으로 말미암아 그리스도께서 너희 마음에 계시게 하옵시고 너희가 사랑 가운데서 뿌리가 박히고 터가 굳어져서 능히 모든 성도와 함께 지식에 넘치는 그리스도의 사랑을 알아 그 넓이와 길이와 높이와 깊이가 어떠함을 깨달아 하나님의 모든 충만하신 것으로 너희에게 충만하게 하시기를 구하노라"[4)]

바울은 알았다. 사랑이란 하나님의 충만이라는 것을. 이 사랑은 아주 높고, 깊고, 넓고, 길다. 그것을 이해한다는 것은 우리 능력 밖의 일이다. 그것은 하나님의 사랑이기 때문에 광대한 사랑이다. 이 사랑이 깨어진 창조 세계를 회복시키려는 하나님 계획의 초석이다. 사실 하나님이 세상을 이처럼 사랑하사 독생자를 주셨다.[5)] 이 사랑은 모든 것을 포용한다. 바울은 우리 교회가 하나님의 광활한 사랑 안에 뿌리를 내리고 터가 굳어져서 그리스도의 사랑, 즉 그리스도의 충만을 드러내기를 기도했다.

교회가 항상 이런 광대한 사랑을 비추이진 않지만, 순종을 통해 그렇게 할 잠재력을 갖고 있다. 교회는 믿음을 통해 구원받고, 순종을 통해 성화된다. 예수님은 말씀하셨다. "내가 아버지의 계명을 지켜 그의 사랑 안에 거하는것 같이 너희도 내 계명을 지키면 내 사랑 안에 거하리라."[6)] 예수님이 하나님 아버지께 순종하신 것처럼 우리도 그리스도를 순종해야 한다. 그렇게 할 때, 우리는 하나님과 그리스도의 충만과 사랑을 비춰 주게 된다. 이것은 창조 세계에 비춰진 것과 동일한 사랑이며, 그리스도께서 우리를 구속하실 때 아낌없이 주셨던 그 사랑이다. 교회가 이 사랑을 비출 때, 교회의 사명을 위해 준비되어 있던 하나님의 능력이 제한 없이 발휘된다. 교회 성도들이 하나님의 사랑을 가지고 의도적으로 다른 사람들을 섬길 때, 하나님의 사랑을 드러내게 된다.

선행의 특징 (엡 2:10, 4:11-12)

'선포' (Proclamation)와 '입증' (Demonstration)은 둘 다 복음을 온전하게 전하기 위해 필요하다. '선포' —설교 혹은 가르침—는 필수적이지만, '입증' 이 누락되면 메시지 전달에 장애가 생긴다. '입증' 은 하나님 사랑의 복음의 실제적 표현이다. '입증' 은 하나님의 실재(實在)를 '증명하고', 메시지를 확증한다. 교회인 우리는 하나님께서 창조 이전에 우리를 위해 예비하신 특정한 선한 일을 하도록 그리스도 안에서 살리심을 입었다. 말하자면 우리는 하나님께서 정해 놓으신 선행을 실천하게끔 되어 있다. 그런데 이 선행은 교회가 자체적으로 선택해 놓은 다음에 하나님께서 인정해 주시고 축복해 주시길 구하는 그런 것이 아니다! 사도 바울은 말한다.

> "우리는 그의 만드신바라 그리스도 예수 안에서 선한 일을 위하여 지으심을 받은 자니 이 일은 하나님이 전에 예비하사 우리로 그 가운데서 행하게 하려 하심이니라"[7]

- 선한 일은 교회가 머리 되신 그리스도와 지속적으로 대화할 때 발견하게 된다.
- 일은 교회가 하나님의 계획을 찾고 일하려 할 때 확인할 수 있다.
- 선한 일은 교회의 안과 밖에서 인지되는 필요를 분석해서 찾아내는 것이 아니다.
- 선한 일은 인지된(Perceived) 필요와 진정한(Real) 필요의 차이를 알고 계시는 그리스도께서 보여 주심으로써 확인된다.[8)]
- 선한 일이란 교회가 결정한 후 하나님께 축복해 달라고 구하는 것이 아니다.
- 하나님께서 알게 해 주시고 인도해 주시며 행할 능력을 주시는 어떤 일이 있다면 그것은 그분이 축복하셔서 그분의 계획을 성취하시는 데에 사용하시는 일이다.

또한 바울은 다섯 가지 교회 지도자의 직분을 언급하는데, 사도, 선지자, 전도자, 목사, 교사이다. 그런데 이들 모두가 가장 우선적으로 해야 하는 임무는 "성도를 온전케 하며 봉사의 일을 하게"[9)] 하는 것이다.

교회 지도자의 사역에서 은사나 소명이 무엇이든 간에, 첫째 임무는 성도들이 선한 일(여기서는 봉사 혹은 선행과 모두 동일한 의미로 쓰고 있다-역주)을 할 수 있도록 준비시키는 것이다. 이 성경 구절의 의미는 분명하고도 도전적이다. 즉, 만약 교회 지도자들이 사역을 행한 결과, 성도들이 선한 일을 통해 섬길 수 있도록 세우지 못했다면, 그들에게 맡겨진 사명을 제대로 수행하지 않았다는 뜻이다.

복음은 우리가 그리스도의 종의 도를 드러내지 않으면 완성되지 않는다. 바울은 "우리가 우리를 전파하는 것이 아니라 오직 그리스도 예수의 주 되신 것과 또 예수를 위하여 우리가 너희의 종 된 것을 전파함이라"10)라고 했다. 선행이 없는 복음은 불완전한 복음이다. 그럴 경우, 개인들을 개종시키는 능력은 있겠지만, 사회를 변혁시킬 능력은 결여될 것이다. 오직 완전한 복음만이 둘 다 행할 능력이 있다. 당신은 한번 자문해 보기 바란다.

- 우리 교회는 성도들이 선행을 하도록 세우는가?
- 우리 교회는 선행을 하는 교회로 주위에 알려져 있는가?
- 우리는 행하려는 선행의 내용을 하나님의 인도에 따라 선택하는가?

연합의 특징 (엡 4:1-6, 12)

하나님께서 교회에 주신 잠재적인 치유 능력은 인종적, 종족적, 문화적, 종교적, 경제적, 정치적 차이들로 인해 분열된 세상 사람들을 하나 되게 만들 수 있는 엄청난 힘을 갖고 있다. 이러한 분열을 치유하는 교회의 능력은 하나님 계획의 일부이며, 교회를 향한 하나님의 목적의 일부이기도 하다. 이 목적은 오직 교회 자체가 연합하여 하나가 될 때 구체화될 수 있다. 바울은 에베소 교회를 향하여 연합 가운데 거하라고 권면한다.

> "그러므로 주 안에서 갇힌 내가 너희를 권하노니 너희가 부르심을 입은 부름에 합당하게 행하여 모든 겸손과 온유로 하고 오래 참음으로 사랑 가운데서 서로 용납하고 평안의 매는 줄로 성

령의 하나 되게 하신 것을 힘써 지키라 몸이 하나이요 성령이 하나이니 이와 같이 너희가 부르심의 한 소망 안에서 부르심을 입었느니라 주도 하나이요 믿음도 하나이요 세례도 하나이요 하나님도 하나이시니 곧 만유의 아버지시라"[11]

그 다음으로 바울은 연합과 섬김의 선행과의 관계를 설명한다. 교회 지도자들은 "성도를 온전케 하며 봉사의 일을 하게 하며 그리스도의 몸을 세우"[12]는 일을 해야 한다는 것이다.

그리스도인의 연합은 선물이자 과업으로 여겨져 왔다.[13] 얼마나 옳은 지적인가! 나는 그리스도의 몸의 연합을 간절히 사모해 왔다. 오랫동안 나는 교회들이 회합을 가지면서 교리적 문제들에 대한 합의를 통해 연합을 이루려는 것을 보아 왔다. 때때로 더 큰 분열이 생기기도 했었다. 그러나 우리가 훈련 기간 동안에 연합을 이루는 가장 확실한 방법 중의 하나는, 성도들이 섬김의 선행을 함께하는 것임을 하나님께서 보여 주셨다.

우리의 훈련 프로그램은 지역 교회들이 각각의 지역 사회에서 하나님의 사랑을 입증하여 보여 줄 수 있도록 짜여져 있다. 훈련에 참가하는 지역 교회 지도자들은 보통 여러 다양한 교파에서 온다. 어떤 목회자들이 서로 탁자를 마주하고 앉아서, "우리는 서로 이름은 들어서 아는데, 만난 적은 한 번도 없죠. 이쪽에 우리들은 보수적인 플라이머스 형제 교회 소속이고, 당신들은 자유침례교회 소속이잖아요. 우리 모두 같은 도시에서 여태껏 목회해 왔지만 함께 만날 만한 이유가 없었지요"라고 말한 적이 있었다. 그렇지만 지금은 같은 자리에 앉아 있다. 서로 신학적 배경이 다르지만, 교회가 하나님의 사랑을 깨어진 세상 앞에 어떻게 보여 줄지에 대해 배우기 위해 함께 한 자리에 있게 된 것이다.

하나님께 쓰임받기 위해 교회는 연합해야 한다. 어차피 교회 자체는 한때 서로가 소외되었던 개인들—유대인과 이방인, 주민과 나그네, 소속된 자와 추방된 자—로 구성되어 있지 않았던가. 그러나 그리스도 안에서 우리는 하나의 새로운 공동체로 창조되고, 하나님의 가족이 되어, 그 안에서 서로 연결되어 하나님이 거하시는 거룩한 성전이자 살아 있는 조직이 된 것이다. 바울은 연합의 의미를, "둘로 하나를", "한 새 사람", "동일한 시민", "함께 지어져 감"[14)]이란 말들로 묘사했다. 바울은 교회가 연합하여 지내도록 촉구했다. 가장 좋은 연합의 모델은 바로 삼위일체—아버지 하나님, 예수님, 성령님—이시다.

우리를 바라보는 세상은 그리스도인 가운데 연합이 없는 것을 보고 위선이라고 표현하는데, 이는 옳은 지적이다. 사탄은 하나님 가족이 아닌 사람들이, 교회 내에 하나 됨이 없는 것을 보고 주님과 교회와 교회의 선행을 외면할 변명거리로 사용할 때 즐거워한다. 만약 교회의 밖에 변혁의 능력이 없다면, 이에 대한 해답을 찾아야 할 일차적인 곳은 바로 교회 안에 있다. 성경적 연합은 반드시 각각의 교회 내에서 시작되어야 한다. 교회 안에서의 연합의 실천은 지역 교회들 간의 연합으로 이어지게 될 것이다.

연합은 유용하게 쓰임받기 위한 필수적인 특성이다. 연합의 강력한 표현은 교회가 그리스도의 사역에 대한 그리스도의 부르심에 순종할 때 드러난다. 그리고 연합된 교회의 잠재력은 세상의 그 어떤 조직체들보다 훨씬 강력하다!

성숙을 향한 움직임

성숙이란 겸손과 사랑과 선행으로 인해 나타나는 또 다른 산물이라고 에베소서는 말한다. 이 성숙은 '머리로 아는 지식', 지성주의 혹은 교리적 지식 이상의 것이다. 성숙한 교회의 성도들은 하나님의 진리에 대한 지식 이상의 것을 알고 있다. 그들은 그리스도 안에 깊이 뿌리를 내리고, 하나님 나라의 메시지를 삶에 적용하여 드러내 보여 준다.

제자훈련 프로그램도 그리스도인의 성숙을 위한 것이지만, 많은 프로그램이 단지 예수님에 대한 순종의 '수직적' 관점에만 초점을 두고 있다. 성경공부, 기도, 그리스도인의 성품 및 거룩한 삶 등이 그렇다. 그런데 선한 일(선행), 즉 핵심적인 '수평적' 요소는 생략하는 경우가 많다. 바울은 이 요소가 성숙을 위한 필수적인 것이라고 했다. 제자훈련 교재들을 보면, 종종 성숙이 선행에 대해선 강조하지 않고, 영적 지식과 영적 활동에서 이뤄지는 것이라고 암시하고 있다. 실제 이러한 제자훈련 프로그램을 개발한 분들도 선한 행위의 중요성을 알고 있다. 그들은 하나님 사랑과 이웃 사랑이 "율법과 선지자"[15]의 강령임을 이해하고 있다. 그런데 만들어진 교재들을 보면 다른 사람들에 대한 하나님 사랑의 실제적인 실천에 대해선 겨우 조금밖에 다루질 않는다.[16] 이는 매우 불행한 현상이다. 하지만 앞에서 이미 보았듯이 성경에서는 교회 지도자들은 반드시 "성도를 온전케 하며 봉사의 일을 하게" 해야 한다. 이렇게 함으로써 하나님의 백성은 "온전한 사람을 이루어 그리스도의 장성한 분량이 충만한데까지 이르"게 될 것이다.[17]

성숙에 해당하는 헬라어는 높은 단계의 개발에 이른 인간의 힘과 관련이 있다. 성령께서는 바울을 통해 교회가 어떻게 이 정도 단계의 힘과 성숙에 이를 수 있는지를 말씀하셨다. 이것은 하나님께서 예비해 두셨고, 겸손과 사랑을 통해 할 수 있게 되는 선행의 실천에 의한 산물이다. 그리고 그 결과, 연합과 성숙과 그리스도의 충만에 이르게 된다. 나는 이것을 다음과 같은 수학 공식으로 표현하기를 좋아한다.

겸 손
\+ 사 랑
\+ 섬김의 일(봉사)

= 연 합
\+ 성 숙
\+ 그리스도의 충만

내적 일관성 있는 삶의 양식 – 겸손, 사랑, 섬김

계속해서 에베소서 끝 부분에 나오는 사랑의 실제적 적용을 살펴보자.

바울은 성도들이 내적으로 일관된 삶의 양식을 실천하라고 권면한다. 사랑과 섬김의 원리는 교회의 벽을 넘어 밖에서 행하는 것과 마찬가지로 몸 된 교회 내에서도 이행되어야 한다. 이것은 성도들의 일관된 삶의 양식의 일부가 되어야 한다. 교회 내부의 삶에 하나님의 사랑이 없다면, 만물을 변혁시키기에는 거의 효과가 없을 것이다. 바울은 삶의 양식의 원리를 언급한 다음, 그 원리의 실제적 적용에 대해 소개하고 있다. 그의 교훈대로 겸손과 사랑과 섬김으로 살아갈 때, 우리는 연합과 성숙과 그리스도의 충만 가운데 자라 가게 될 것이다. 바울이 에베소 교회와 오늘의 우리에게 주는 교훈을 살펴보자.

- 하나님의 의와 거룩함을 드러내라. 육체의 방탕함을 만족시키려 하지 말라.
- 참된 것을 말하라. 서로 거짓말하지 말라.
- 날마다 서로 용서하라.
- 열심히 일하여 도움이 필요한 자를 도우라. 남의 것을 취하지 말라.
- 다른 사람을 세우는 말을 하라. 다른 사람을 깎아내리는 말을 하지 말라.
- 성령께 순종하라. 성령을 근심케 하지 말라.
- 서로 인자하게 여기며 불쌍히 여겨 용서하라. 서로 원망하거나 원한을 품지 말라.
- 사랑이신 하나님을 닮아 가며, 그리스도의 희생적 사랑을 좇아가라.
- 어떤 성적 부도덕이나 탐욕을 암시하는 것조차 피하라.
- 대화 가운데 감사의 말을 하라.
- 외설적이거나 어리석은 말이나 타인을 조롱하는 말을 하지 말라.
- 더러움과 탐욕은 우상숭배이며, 이를 행하면 하나님의 유업을 얻지 못한다는 것을 기억하라.
- 불순종하는 일을 하지 말라. 대신 그것을 빛 가운데 드러내

어라.

- 하나님께서 주시는 모든 기회를 활용하여 매사에 하나님의 뜻을 행하라.
- 술에 취하지 말고 성령 충만을 받으라.
- 성경 말씀을 서로 나누라. 신령한 노래를 마음으로, 또한 서로 함께 부르라.
- 삶의 모든 영역 가운데 하나님의 축복을 감사하는 마음을 가져라.
- 자신의 계획을 주장하지 말라. 그리스도를 경외하여 서로 순종하라. 가족들은 다음과 같이 살라. 아내들이여, 남편들에게 복종하라. 남편들이여, 그리스도께서 그분의 신부인 교회를 위해 바친 희생을 본받아 아내를 사랑하라. 자녀들이여, 부모님께 복종하라. 아버지들이여, 자녀들에게 과도한 기대를 갖지 말고, 그들을 그리스도의 왕국의 자녀들처럼 살도록 훈육시켜라.
- 직장인들이여, 그리스도를 위하여 일하는 것처럼 다른 이들을 섬겨라. 당신의 궁극적인 보상은 그리스도께로부터 올 것이다. 상급자들이여, 하나님의 모본을 따라 행동하라. 온정주의로 사람을 대하지 말라. 하나님께서 당신과 당신이 감독하는 사람들을 같은 기준으로 심판하실 것이다.[18)]

바울은 그의 서신을 끝내기 전에, 하나님의 계획에 쓰임받는 교회가 되는 특권은 대가 없이는 누릴 수 없음을 에베소 교회 성도들에게 상기시킨다. 우리의 대적은 교회가 하나님의 거대한 계획을 수행하고 경영하는 유일하게 선택된 도구임을 잘 알고 있다. 그래서 빛의 세력과 어두움의 세력 사이에 전투가 벌어지는 것이다. 각 세대마다 전쟁의 승패는 교회와, 하나님과 하나님의 계획에 대한 교회의 열정적 헌신에 의해 상당 부분이 좌우된다. 우리의 대적은 사용 가능한 모든 세력과 간교한 도구들을 사용하여 교회에 맞설 것이다. 만약 사탄이 교회를 오도하고, 분열시키고, 부패시킨다면, 하나님의 예비하신 목적은 일시적으로 방해받는다는 것을 사탄은 잘 알고 있다.

이와 같은 피할 수 없는 전투에 교회가 대비할 수 있도록, 바울은 방어적이면서도 공격적인 전쟁을 준비하라고 권한다. 그는 성도들이 하나님의 전신갑주로 무장하라고 다음과 같이 교훈하고 있다.

- 방어용 무기 — 진리, 의, 믿음, 구원의 확신
- 공격용 무기 — 하나님 말씀, 성령, 기도

소망의 이유

우리 세대의 교회는 에베소서의 마지막 메시지에 유의해야 한다. 이 메시지는 바울에게서 온 것이 아니라 그리스도에게서 온 것으로서, 요한계시록에도 기록되어 있다.

주님은 에베소 교회가 행한 수고와 인내, 경건치 못한 자를 배격한 것, 진리와 거짓을 분별한 능력, 고난을 견딘 것을 인정하셨다. 그러나 동시에 에베소 교회가 그리스도에 대한 첫사랑을 잃어버린 것을 책망하셨다. 아마 에베소 교회는 하나님을 기쁘시게 할 수 있는 것—즉, 만물을 회복시키려는 하나님의 계획—

을 쉬지 않고 추구할 수 있게 해 줄 그리스도에 대한 강렬한 사랑을 잃어버렸을 것이다. 그래서 그리스도께선 경고하시기를, 만약 그들이 첫사랑을 회복하지 않으면 그들로부터 촛대—에베소 교회의 유용성—를 옮기우실 것이라고 하신 것이다.[19]

하나님께서 도우셔서 현대의 교회가 첫사랑에서 떠나지 않게 되기를 필자는 기도한다. 또한 교회에 열정을 더 부어 주셔서 하나님을 더욱더 사랑하고 순종할 수 있기를 기도한다. 성경은 분명하게 말씀한다. 교회는 굳게 설 것이며, 음부의 권세가 교회를 이기지 못할 것이라고.[20]

그렇지만 하나님의 명령에 따르지 않는 하나님의 백성들은 하나님의 주시려는 축복을 상실할 것이다. 애굽의 노예생활에서 해방되었던 세대는 하나님께서 아브라함에게 약속하신 유업을 받지 못했다. 그들은 적과 맞서기를 두려워했고, 적의 영토를 점령하라는 하나님의 명령에 주의를 기울이지 않았다.[21] 모든 세대의 교회—또한 각 지역 교회—는 주님이 다시 오실 때까지 세상을 '정복해야' 할 책임이 있다.[22] 이것은 하나의 선택이다. 지금 이 자리에 그대로 머물든지 아니면 우리를 향한 하나님의 목적에 순종하여 앞으로 전진하든지 해야 한다.

이러한 과업은 불가능해 보인다. 하지만 우리 가운데 역사하시는 그분의 능력 안에서 결코 불가능하지 않다.

> "우리 가운데서 역사하시는 능력대로 우리의 온갖 구하는 것이나 생각하는 것에 더 넘치도록 능히 하실 이에게 교회 안에서와 그리스도 예수 안에서 영광이 대대로 영원 무궁하기를 원하노라 아멘"[23]

이 본문은 하나님께 대한 찬양을 웅변하듯이 표현하고 있다! 이같은 묘사는 우리, 즉 교회를 통해 역사하시는 하나님의 엄청난 능력을 되새겨 준다. 생각해 보자. '교회 안에 있는 영광' 은 하나님 아들 안에 있는 영광과 동일한 것이 아닌가!

영광이란 무엇인가? 이는 예수님 안에서 완벽하게 드러난 하나님의 형상이다. 그것이 어떻게 드러났는가? 그분의 아버지의 뜻을 행함으로 드러났다. 교회 안의 하나님의 영광은 교회가 하나님의 뜻을 행함으로써, 즉 예수님이 하신 것과 정확하게 동일한 방식으로 드러나게 되는 것이다.

하나님의 영광은 또한 그분의 능력과 연관된다. 하나님 능력은 그의 형상을 드러내는 것—그의 뜻을 행하는 것—과 함께 간다. 예수님을 죽음에서 다시 살리신 그 능력과 동일한 능력은, 오직 교회가 하나님의 뜻을 행하려고 자신을 내어놓을 때에만 교회에게 주어질 것이다. 그의 능력이 그의 목적을 이루기 위해 우리 안에서 역사하실 것이다. 그리고 그 결과는 영원하며 영영히 지속된다. 얼마나 영광스러운 소망인가! 바로 이것이 소망이 되는 이유이다!

종종 우리는 잘못된 것—눈에 보이는 열매—에 소망의 이유를 두는 경우가 있다. 하나님 나라에서 열매는 하나님의 은혜의 선물이지, 인간의 노력의 자연스러운 산물이 아니다. 우리의 소망은 성취되는 것을 보게 되든지 그렇지 않든 간에 하나님께서 그의 약속을 성취하실 것을 신뢰해야 한다. 히브리서 11장은 수많은 우리 믿음의 조상들이 그들에게 주어진 약속의 성취를 보지 못한 채 전 생애를 살았다고 말한다. 우리는 하나님께서 신실하셔서 그의 약속을 성취하실 것을 믿어야 한다. 하나님 나라에서는 이런 믿음이 바로 하나님께서 의롭다고 여기시는—또한 궁극적으로 상 주시는—믿음이다.

만약 우리가 눈에 보이는 결과에 소망을 두면, 열매가 없을 때 포기하게 된다. 반면 약속을 성취하시는 하나님의 신실함에 소망을 두게 되면, 우리를 에워싼 노도와 같은 적들 가운데서도 계속 그리스도의 주권을 선포하며 순종할 수 있을 것이다. 이러한 초자연적 능력으로 우리는 다른 이들이 볼 수 없는 것을 보고, 어떤 희망도 없는 것 가운데서도 용기와 소망을 갖게 될 것이다. 이것이 "도로의 틈새를 뚫고 나오게 될 꽃을 볼 수 있는 눈의 능력이며, 증오와 적대감 때문에 묻혀 버린 용서의 음성을 들을 수 있는 귀의 능력이며, 죽음과 파괴로 덮여 버린 덮개 아래의 새 생명을 감지하는 손의 능력이다."[24)]

우리가 하나님의 계획을 따라 함께 일할 때, 그는 우리가 구하거나 상상하는 것 이상으로 놀랍게 역사하신다. 하나님은 위대한 계획을 갖고 계시지만, 실은 그분 자신이 위대하시다! 그분의 계획을 성취하시는 그분의 능력은 우리의 예상을 훨씬 넘어선다. 하나님은 그의 의도하는 바를 이루시기 위해 그의 몸을 연합시키시며, 우리 안에 그의 충만을 주시며, 우리의 깨어짐을 치유하시며, 모든 나라의 깨어짐까지 치유하실 것이다! 나는 이렇게 기도한다. 그리스도께서 우리를 그의 지혜와 사랑과 능력으로 채우셔서, 그가 다시 오실 때까지 그의 목적을 따라 우리가 섬기게 되기를. 교회인 우리가 하나님의 거대한 계획 안에서 우리의 역할을 깨닫게 되기를. 우리가 겸손하며 회개하며 섬기게 되기를. 하나님께서 이 땅을 고치시고 회복시켜 주시길. 하나님께서 만물을 화목케 하시려는 약속을 신실하게 이루실 것임을 우리가 계속 신뢰하게 되기를. 우리 주위의 사람들에게 겸손과 사랑과 선행과 섬김으로 대하게 되기를. 교회가 유용성의 모든 특성들을 가지고 연합과 성숙과 그리스도의 충만을 드러내는 능력을 갖게 되기를 기도한다. 하나님 나라가 하늘에서 이루어진 것같이 땅에서도 이루어지게 하옵소서!

선한 일로의 부르심 - "내가 네 행위를 안다"*

"(내가 네 행위를 안다) 수고와 네 인내를 알고 … (내가 네 행위를 안다) 네 사업과 사랑과 믿음과 섬김과 인내를 아노니 네 나중 행위가 처음것보다 많도다 … 내가 너희 각 사람의 행위대로 갚아 주리라 … (내가 네 행위를 안다) … 하나님 앞에 네 행위의 온전한 것을 찾지 못하였노니 … (내가 네 행위를 안다) … 볼찌어다 내가 네 앞에 열린 문을 두었으되 능히 닫을 사람이 없으리라 … (내가 네 행위를 안다) 네가 차지도 아니하고 더웁지도 아니하도다"

- 예수 그리스도가 요한에게, 교회를 위하여

(요한계시록 2-3장에서 발췌)

"(내가 그들로 하여금) 회개하고 하나님께로 돌아가서 회개에 합당한 일을 행하라 선전하므로"

- 바울이 아그립바 왕에게(행 26:20하)

"그로 말미암아 우리가 은혜와 사도의 직분을 받아 그 이름을 위하여 모든 이방인 중에서 믿어 순종케 하나니"

- 바울이 로마 성도들에게 문안하며(롬 1:5)

"하나님께서 각 사람에게 그 행한대로 보응하시되 참고 선을 행하여 영광과 존귀와 썩지 아니함을 구하는 자에게는 영생으로 하시고"

- 바울이 로마 성도들에게(롬 2:6-7)

"그리스도께서 이방인들을 순종케 하기 위하여 나로 말미암아 말과 일이며 표적과 기사의 능력이며 성령의 능력으로 역사하신 것 외에는 내가 감히 말하지 아니하노라"

- 바울이 로마 성도들에게(롬 15:18)

"오직 하나님의 계명을 지킬 따름이니라"

- 바울이 고린도 성도들에게(고전 7:19하)

"그리스도 예수 안에서는 … 사랑으로써 역사하는 믿음 뿐이니라"

- 바울이 갈라디아 성도들에게(갈 5:6하)

"너희의 믿음의 역사와 사랑의 수고와 우리 주 예수 그리스도에 대한 소망의 인내를 우리 하나님 아버지 앞에서 쉬지 않고 기억함이니"

- 바울이 데살로니가 성도들에게 문안하면서(살전 1:3)

"너희는 도를 행하는 자가 되고 듣기만 하여 자신을 속이는 자가 되지말라"

- 야고보가 전 세계로 흩어진
유대 그리스도인들에게 쓴 편지에서(약 1:22)

"하나님 아버지 앞에서 정결하고 더러움이 없는 경건은 곧 고아와 과부를 그 환난 중에 돌아보고"

- 야고보(약 1:27상)

"서로 돌아보아 사랑과 선행을 격려하며"

- 히브리서의 저자(히 10:24)

"우리가 선을 행하되 낙심하지 말찌니 피곤하지 아니하면 때가 이르매 거두리라 그러므로 우리는 기회 있는대로 모든 이에게 착한 일을 하되 더욱 믿음의 가정들에게 할찌니라"

- 바울이 갈라디아 성도들에게(갈 6:9-10)

"이같이 너희 빛을 사람 앞에 비취게 하여 저희로 너희 착한 행실을 보고 하늘에 계신 너희 아버지께 영광을 돌리게 하라"

- 예수님의 산상수훈에서(마 5:16)

"임금이 대답하여 가라사대 내가 진실로 너희에게 이르노니 너희가 여기 내 형제 중에 지극히 작은 자 하나에게 한 것이 곧 내게 한 것이니라 하시고"

- 예수님이 제자들을 가르치시면서(마 25:40)

"또 우리 사람들도 열매 없는 자가 되지 않게 하기 위하여 필요한 것을 예비하는 좋은 일에 힘 쓰기를 배우게 하라"

- 바울이 디도에게(딛 3:14)

"우리는 그의 만드신바라 그리스도 예수 안에서 선한 일을 위하여 지으심을 받은 자니 이 일은 하나님이 전에 예비하사 우리로 그 가운데서 행하게 하려 하심이니라"

- 바울이 에베소 성도들에게(엡 2:10)

*각 구절의 강조는 저자

제 3 부

문화를 변혁시키는 지역 교회

천국은 마치 여자가
가루 서말 속에 갖다 넣어
전부 부풀게 한 누룩과 같으니라
- 마태복음 13:33

너희는 세상의 빛이라 …
너희 빛을 사람 앞에 비춰게 하여
저희로 너희 착한 행실을 보고
하늘에 계신 너희 아버지께
영광을 돌리게 하라
- 마태복음 5:14, 16

서 언

구약에서 에스겔은 이스라엘을 향해 질문하시는 하나님의 음성을 들었다. "그러면 우리가 어떻게 살아야 하는가?"[1] 1976년에 프란시스 쉐퍼 박사는 이와 동일한 제목의 책을 썼고, 2001년도에 와서 척 콜슨(Chuck Colson)은 「이제 우리는 어떻게 살아야 하는가?」란 제목의 책을 출판했다. 두 책 모두 문화 가운데서 그리스도인 각자가 해야 할 역할에 대해 다루고 있다. 이것이 그만큼 중요하기 때문에, 지역 교회가 사회 속에서의 역할—즉, 교회의 조직적인 사역과 더불어, 각 성도들을 세워서 그들이 삶의 현장과 직장 등 사회의 각 영역에서 영향을 미치는 것—에 대해 시급하게 인식하고 준비해야 할 것이다. 이 일은 하나님께서 선택하신 기관인 교회가 나서야 한다.

앞의 제 2 부에서 우리는 성경과 역사를 통해 전(全) 교회를 향한 하나님의 목적을 살펴보았다. 거기서 교회의 본질, 역사 그리고 역할을 논하였다. 이제 제 3 부에서는 지역 교회와, 또한 지역 교회가 주위 지역 사회와, 나아가 나라 전체에서 어떻게 변화의 주체가 될 수 있는지에 대해 초점을 맞출 것이다. 예수님은 이런 비유를 말씀하셨다. "천국은 마치 여자가 가루 서말 속에 갖다 넣어 전부 부풀게 한 누룩과 같으니라."[2)]

예수님께서 어릴 때 어머니가 부엌에서 일하는 모습을 지켜보고 있는 광경을 상상해 보자. 어머니는 밀가루 반죽에 열심히 누룩을 넣고, 반죽을 계속 주물러서 누룩이 전체에 고루 퍼지도록 한다. 예수님은 이런 장면을 전에도 수없이 보았을 것이다. 그래서 그 과정을 잘 알고 있다. 이제는 반죽을 한쪽 곁에 놓아두고 숙성될 때까지 기다려야 한다. 어린아이는 그 시간을 기다리기가 쉽지 않다. 특히 따뜻하고 김이 모락모락 나는 빵 냄새를 상상하면 더욱 그렇다. 그렇지만 어머니는 누룩이 다 퍼질 때까지 기다려야 한다면서 아이들을 다독거릴 것이다. 누룩이 다 퍼진 후 반죽은 마침내 새로운 뭔가 다른 것, 즉 매우 맛난 빵으로 만들어질 것이다.

세월이 지나고, 이제 예수님은 군중을 가르치실 때 이런저런 비유를 사용하여 하나님 나라에 대해 설명하고 있다. 이때 겨자씨 비유도 사용하시면서, 겨자씨를 심을 때는 가장 작지만, 나중에 가장 커다란 나무로 자랄 것이라고 말씀하신다. 가르치면서 문득 어린 시절에 부엌에서 보았던 장면이 생각나서 누룩의 비유를 들어 말씀하셨을 것이다. 누룩은 서서히 반죽 전체로 퍼져 나가서 반죽 전체가 변화된다. 누룩이 변화의 주도자가 된 것이다. 마찬가지로 하나님 나라는 복음의 능력이 삶 속으로 퍼져 나갈 때 확장된다. 그리스도의 형상으로 변화하는 사람은 그들 주위 세계로 들어가 영향을 미친다. 데이빗 버넷(David Burnett)은 다음과 같이 말한다.

> (예수님은) 세상에서의 하나님 나라의 삶의 본성에 관해 세 가지 비유를 사용하셨다. 즉, 소금, 빛, 누룩이다 … 이 세 가지는 각자 옛 질서 속으로 힘차게 침투해 들어간다. 소금은 음식 속으로 들어가고, 빛은 어두움 속으로 밝히며 들어가고, 누룩은 반죽 속에서 발효를 일으킨다. 바꾸어 말하면, 하나님 나라 공동체는 옛 사회 속으로 파고 들어가 사람들에게 총체적인 변화를 가져다주는 문화적 변혁을 일으키게 된다.[3)]

먼저 지역 교회와 그 성도들이 변화된다. 그 다음 다른 사람들을 변화시키는 생명력 있는 주도자가 된다. 연합하고 섬기면서, 교회 성도들은 변화의 주도자로서 그들의 문화 속으로 파고 들어가 변화를 일으킨다. 이것이 하나님 나라의 침투하여 확장시키는 누룩인 것이다!

한 사회에 영향을 준다는 것이 얼마나 엄청난 기회인가! 누룩이 전체 반죽 속으로 스며들어가서 변화시키는 것처럼, 문화 속으로 뚫고 들어가는 것이 얼마나 놀라운 기회인가! 우리의 시장되신 예수님을 대신하여 행동하는 것은 참으로 특별한 기회인 것이다. 지역 교회는 문화 속에 변혁을 가져올 수 있다. 그리스도의 제자들은 모든 민족을 제자로 삼을 수 있다.

제 3 부를 위한 전제들

나는 신학과 역사 공부를 좋아하지만, 나의 시각은 성경을 연구하며, 또한 교회 내에서 함께 사역하면서 일어나는 일들을 관찰하는 데에서 주로 형성된다. 이러한 관찰과 연구로 인해, 나는 교회에 대한 몇 가지 전제를 나름대로 정리하게 되었다. 앞에서 몇 가지를 이미 살펴보았지만, 여기에 제 3 부의 전제로서 다시 열거해 보기로 하자.

전제 1: 예수님은 교회를 세우셔서, 그가 분부하신 모든 것을 가르쳐 지키게 하면서 열방을 제자로 삼으라고 하셨다. 교회는 예수님이 명령하신 모든 것을 순종하도록 가르치면서 이 땅 위에 하나님 나라를 확장시킨다.

전제 2: 지역 교회는 예수님께서 자신의 목적을 수행하기 위해 세우신 바로 그 교회의 핵심적인 제도적 형태이다. 지역 교회가 하나님께서 지역 교회를 위해 설계하신 역할을 수행할 때, 하나님께서 이 땅에 치유와 회복을 가져다주신다.

전제 3: 물질적 자원이 부족하다고 해서 하나님께서 이 땅 위에 두신 하나님의 백성들이 세상을 섬기지 못하는 것은 아니다.

전제 4: 지상의 교회는 가견적(可見的, Visible)이며 불가견적(不可見的, Invisible)이다. 교회는 적어도 세 가지의 현재적 모습을 가지고 있는데, 우주적 교회와 지역 교회와 교회 병행 기관(Parachurch, 특정 목적을 위해 세운 선교 기관이나 특수 사역 기관들-역주)이 있다.

전제 5: 교회는 하나님의 목적을 완수하기 위해 하나님께서 사용하시는 하나의 대리자이거나 도구보다 훨씬 그 이상의 어떤 것이다. 교회는 하나님의 신부로서, 하나님 뜻을 실현하기 위한 고귀한 동기를 소유하고 있다.

이 전제들은, 당신과 당신의 교회가 예수님이 시장이라면 하게 될 하나님의 크신 과업에 대한 비전을 갖게 하고 그 과업을 수행할 수 있도록 용기와 의욕을 불어넣어 줄 것이다.

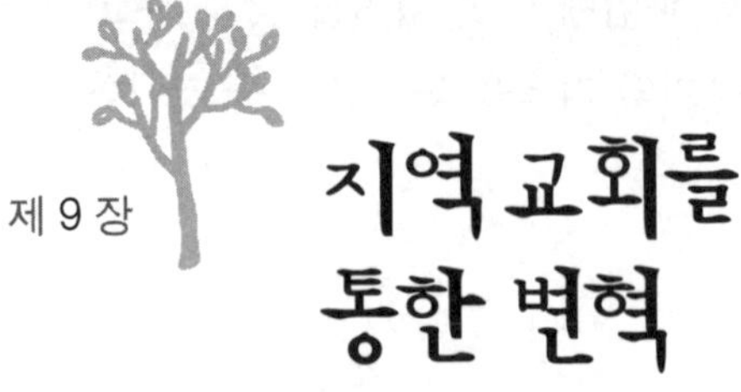

제 9 장

지역 교회를 통한 변혁

성경적 변혁을 향한 전진

수만 명의 사람들이 대규모 집회를 가지면서 손을 높이 쳐들고 그리스도를 따르기 원한다고 고백한다고 해서 변혁이 일어나는 것은 아니다. 어떤 나라 전체 인구의 50%가 '거듭난' 신자라고 해서 사회적이거나 문화적 변혁이 일어나는 것도 아니다. 우간다 인구의 80%가 스스로 '그리스도인' [1]이라고 고백하지만, UN 보고서에 따르면 우간다는 아프리카에서 두 번째로 부패한 국가로 분류되어 있다. 어떤 나라에서 모든 동네에 발길이 닿는 곳마다 교회가 있다고 해서, 성경이 말하는 치유와 회복이 일어나는 것 또한 아니다. 물론 교회가 많은 것은 좋은 현상이지만, 이것이 곧 성경적 변혁은 아니며, 성경에서 말하는 샬롬이 이뤄진 것도 아니다.

성경적 변혁

'변혁' 이란 단어의 뜻은 어떤 것의 본성이나 특성에 실제적인 변화가 일어나는 것이다. '성경적 변혁' 이란 인간이 하나님을 불순종했을 때 깨어진 모든 것의 회복과 관련된다. 성경적 변혁—하나님 나라의 활동—은 하나님의 의도(뜻, 계획)가 개인, 가정, 지역 사회, 사회, 문화, 국가에 의해 실행될 때 일어난다.

바로 이런 종류의 변혁이 우리가 논하려는 것이다. 이것은 하나님의 역사이지 우리의 역사가 아니다. 그러나 하나님께서 그분의 치유와 변혁을 위한 한 가지 필수조건을 제시하셨다. 이 조건은 그리스도께서 구세주로 오신 것 그 이상이다. 그것은 바로 하나님의 뜻을 행하는 것이다. 영적 개종은 시작에 불과하지만, 변혁은 일생의 과정이다. 사도 바울조차도 생의 마지막까지 개인적으로 완전히 변혁되었다고 생각하지 않았다. 그는 여전히 그리스도의 형상을 이루려고 좇아가면서 변혁되어 가고 있는 중임을 알고 있었다. 이 여정은 그리스도의 임재 가운데 들어가기까지 완성되지 않을 것이다.[2] 마찬가지로 우리가 사는 사회도 그리스도께서 다시 오실 때까지 완전히 변혁되지는 않을 것이다. 그러나 "너희 구원을 이루라"는 사도 바울의 권면처럼, 우리는 마지막 날이 오기까지 이 땅 위에 하나님의 뜻을 이루기 위해 수고해야 한다.

변혁 과정

성경에서 '변혁' 이란 단어는 제자들의 마음[3], 성품[4], 부활한 육체[5] 가운데 일어나는 일을 설명할 때 사용한다. 어떤 사회와 문화와 국가의 '변혁'에 대해 얘기할 때는, 개인적으로 변혁된 수많은 사람들에 의해 그들의 가족들과 지역 사회와 사회들 안에서 일어나는 일들을 묘사하는 것이다. 문화와 사회 제도는 개인들이 '구원받거나' 혹은 '거듭나는' 것과 같은 동일한 방식으로 영적 구원을 받는 것은 아니다. 그러나 구원받은 개인들이 그들의 변화된 삶을 가지고 주위 세계에 영향을 주어야 한다. 그들은 진리를 말해야 하고, 제도의 개혁을 주창해야 하고, 정의와 자비를 대변해야 한다. 사람들 가운데 있는 하나님의 형상을 꿰뚫어보고, 예수님이 시장이라면 하시게 될 긍휼을 베푸는 활동들을 시행해야 한다.

이러한 개념은 성경에서 강력하게 증명하고 있다. 구약에 보면 개인과 가정과 지역 사회와 도시와 사회와 국가적 삶의 전 영역에서 변혁과 관련된 내용들로 꽉 차 있다.[6] 신약에서 에베소서 4장 17절에서 5장 20절은 새로운 피조물, 즉 신자 개인들의 성품과 행동에 대해 소개한다. 그 다음 구절인 에베소서 5장 21절에서 6장 5절은 가정생활의 변혁을 묘사한다.

우리 개인들은 삶의 각 영역을 그리스도께서 인도하시고 다스릴 때 변혁이 일어난다. 바울은, "너희는 이 세대를 본받지 말고 오직 마음을 새롭게 함으로 변화를 받아 하나님의 선하시고 기뻐하시고 온전하신 뜻이 무엇인지 분별하도록 하라"[7]고 했다. 우리 모두는 하나님의 뜻을 알고 있을 것이다. 그러나 우리 삶의 습관적 형태가 하나님 뜻을 따라야만 우리의 생각과 삶이 변혁될 수 있다.

이러한 변혁은 하나의 지속적인 과정으로서 각자가 그리스도의 명령을 이해하고 순종해 나가는 것이다. 그렇게 함으로 우리는 그리스도의 형상을 본받게 된다. 이 일이 갑자기 일어나지는 않는다. 아기가 갑자기 10대나 어른이 되지 않는 것처럼 첫걸음을 내딛는다고 해서 성숙한 제자가 되는 건 아니다. 하나님과 함께 걷기 시작할 때, 우리의 순종은 아직 부족하고 미성숙하다. 그러나 우리가 순종해 나아갈수록, 그리스도와 같이 된다는 것이 무엇을 뜻하는지 더 깊이 이해하게 된다. 우리는 삶을 그리스도의 주권 아래 두는 만큼 변혁될 것이다. 개인의 변혁은 성령의 역사이지만, 먼저 순종하는 것이 그 선결 조건이며, 바로 우리의 할 일이다. 사도 바울은 하나님께 구하기를 골로새 교회의 교인들이 "모든 신령한 지혜와 총명에 하나님의 뜻을 아는 것으로 채우게 하시고 주께 합당히 행하여 범사에 기쁘시게 하고 모든 선한 일에 열매를 맺게 하시며 하나님을 아는 것에 자라게 하시고 그 영광의 힘을 좇아 모든 능력으로 능하게 하시"기를 기도하였다.[8)]

변혁은 개인에서 시작하여 가정과 지역 사회와 국가 영역으로 확장된다. 이 현상 역시 하나의 과정이다. 개인들과 가정들이 하나님의 의도에 순종하는 크기와 깊이가 늘어나는 만큼 지역 사회에 영향을 주게 된다. 나아가 변혁된 지역 사회들이 그들의 문화에 영향을 주는 만큼 국가 자체는 변혁되는 것이다.

개 인

성경은 그리스도 안에서 우리가 "새로운 피조물"[9)]이라고 말한다. '거듭났다'[10)]는 것이다. 하나님은 마음과 성품과 행동을 변혁시키신다. 하나님께서 사람인 우리를 변화시키신다! 이 변혁은 하나의 과정이며, 각 개인마다 그 과정은 서로 독특하다.

개인의 삶을 변화시키는 놀라우신 하나님의 능력을 예를 들어 보자. 이 남자의 변혁의 경험은 많은 사람들에게 감동을 주었다.

어떤 '닫힌 나라'(복음 전파를 제한하는 나라-역주)의 한 목회자가 이슬람사원에서 전도지를 나눠 주고 있었다. 정부는 그의 활동을 저지하려고 그의 공적인 목회자 신분을 취소시켜 버렸다. 그가 하는 전도 방법이 거슬렸기 때문이다. 어느 날 그는 DNA 비전 컨퍼런스에 참석하게 되어, 하나님의 사랑을 행동으로 보여주는 방법을 배우게 되자 새로운 계획을 세웠다. 그리고 네 명의 자원봉사자를 확보하고 팀을 조직하여 빵을 사 가지고 한 지방 정신병원의 병원장을 찾아가, 환자들에게 빵을 나눠 주면서 기도할 수 있게 해 달라고 요청했다. 병원장이 허락했지만, 하필 가장 힘든 곳, 즉 치료가 불가능한 정신분열증 환자들이 수용되어 있는 폐쇄병동이었다. 한 환자는 지난 수년간 말을 한마디도 하지 않던 사람이었는데, 걷는 대신 기어 다니고 있었다. 얼굴은 부어올라 일그러진 상태였다. 한쪽 눈은 지나치게 커져 있었고, 역겨운 냄새를 풍겼으며, 너무 지저분했다. 목회자와 자원봉사자들은 그에게 손을 얹어 기도하긴 했지만, 기도한 후 손을 씻기 전에는 아무것에도 손을 대지 않으려 했다. 그 다음 주간에 이 봉사 팀은 다시 병원을 찾았다. 병동의 칸막이 안쪽에서 어떤 크고 날씬하게 생긴 남자가 그들을 맞았다. 팀은 그에게 병동 안으로 안내해 달라고 했다. 그랬더니 그 남자가 말하길 자기가 바로 지난주에 기도를 받았던 사람이라고 하면서, 그 기도 덕분에 자기가 너무나 변했다고, 또다시 기도해 달라고 하는 게 아닌가. 하지만 팀은 그 사람을 알아보지 못한 채, 시간이 없으니까 빨리 환자들에게 자기들을 안내해 달라고 재차 요청했다. 그리고 안내를 받아 환자들에게 갔는데, 그 병동에서 일하는 한 직원이, 그 키 큰 남자는 분명히 지난주에 기도를 받았던 괴물 같은 사람이 맞다고 확인해 주었다. 봉사 팀은 너무나 놀랐다! 그 남자가 온전히 회복된 것이다. 그는 기어 다니는 대신 걸어 다녔고, 말도 하고 있었던 것이다. 심지어 글까지 쓸 줄 알았다. 그의 병은 '치료 불가' 가 아니라 '치료 가능' 으로 진단받았어야 했다. 그 후로도 봉사 팀은 방문하여 빵을 나눠 주고 옷도 가져다주고 기도해 주는 일을 계속하였는데, 무려 800명의 환자와 병원 직원들까지도 대상으로 하여 섬기게 되었다. 하나님께서 이 사역을 배가시켜 주셔서, 3년 후에는 지방 관리들의 도움으로 인해 봉사 팀 숫자가 더 많아졌고, 다섯 개의 병원, 다섯 개의 고아원, 두 개의 교도소 그리고 약물과 알코올중독자 재활센터에서 2,600명의 사람들을 대상으로 사역하게 되었다. 또한 거리의 아이들과 노숙자들도 섬기기 시작했다.[11]

가 정

개인은 가정에 영향을 미친다. 성경은 이를 증명하고 있다. 부모들은 계속해서 자녀들에게 하나님을 사랑하는 삶의 모습을 가르쳐야 한다.[12] 나이든 여성들은 젊은 여성들에게 가정을 사랑하도록 훈련시켜야 하며, 집사와 장로는 가정을 잘 관리해야 한다.[13] 성경적 변혁은 개인들과 가정들이 하나님의 뜻을—그리고 타인을 섬기는 것을 포함하여—따라 살 때 일어나게 되는 것이다.

지역 사회

변혁된 개인들과 가정들은 하나님께서 어떤 목적을 가지고 그들을 지역 사회 가운데 두셨다는 사실을 알게 된다. 그들은 지역 사회를 향한 '큰 눈'을 갖고 있다. 잠언 31장에서 여인은 집안 안팎의 일을 잘 섬기므로 영예를 얻게 된다. 남편은 지도자의 일원으로 섬기는 성(城)의 문 앞에서 존경을 받는다.[14] 지역 사회는 드러난 지도자들에 의해 영향을 받을 뿐만 아니라, 그 이면에 있는 교제권에 의해서도 영향을 받는다. 즉 바울이 디모데를 훈련시키고, 디모데는 또다시 다른 사람들을 훈련시킬 사람들을 훈련시키는 과정을 통해 영향력이 확대되어 나가는 그러한 방식이다.[15]

국 가

개인들과 지역 사회들이 실제로 국가에 영향을 미칠 수 있을지를 상상하기란 쉽지 않다. 그러나 성경을 보면 이것이 하나의 과정임을 상기하게 된다. 변혁의 진전은 지리적일 뿐 아니라, 문화와 신념 체계를 통해 서서히 일어난다. 마치 누룩이 밀가루 반죽 전체 속으로 퍼져 나가는 것과 같다.

이런 관점에서 예수님이 제자들에게 그들이 권능을 받고 "예루살렘과 온 유대와 사마리아와 땅 끝까지 이르러 내 증인이 되리라"[16]고 하신 구절을 살펴보자. 예루살렘은 제자들의 현재 거주지이다. 이곳은 제자들의 전통적인 신앙과 문화의 중심지인데, 예수님의 추종자들은 지금 소수의 집단에 불과하다. 유대는 예루살렘이 포함되어 있는 유대 '지방'(Province)이다. 사마리아는 유대의 북쪽 지역이다. 성경에 보면 유대인은 사마리아인들을 하나님 앞에서 성결치 못한 사람들로 여겨 미워하고 경멸했다. 예수님은 자신의 변혁시키는 능력이 원수들의 마음과 땅에까지도 전진해 들어갈 것이라고 하셨다. 참으로 강력한 능력이지 않은가! '땅 끝' 은 장소일 뿐만 아니라, 사람들, 민족들, 문화까지 포함된 것으로, 당시 소수의 제자들은 상상조차 못했던 내용이었다. 그들은 성령 충만을 받은 후 언젠가는 모든 국가들 가운데 들어가서, 축복하고, 변혁시키는 과정을 시작하게 될 것이었다.

성경은 땅 위의 나라들과 민족들을 위한 하나님의 계획의 한 단면을 보여 주고 있다. 시편에서 하나님은 약속하신다. "사람들이 그로 인하여 복을 받으리니 열방이 다 그를 복되다 하리로다."[17] 또다른 구절에서는 "내게 구하라 내가 열방을 유업으로 주리니 네 소유가 땅 끝까지 이르리도다"[18]라고 하셨다. 하나님은 또다시 열방들이 그의 주권 하에 있게 될 것을 이렇게 표현하신다. "이르시기를 너희는 가만히 있어 내가 하나님 됨을 알찌어다 내가 열방과 세계 중에서 높임을 받으리라 하시도다.[19]

변혁의 중심인 지역 교회

지금까지 변혁은 하나의 과정—개인, 가정, 지역 사회, 국가 모두에게—임을 살펴보았다. 여기에 또 하나의 주된 요소가 있는데, 이 모든 것들의 중심이 되는 교회이다!

하나님의 크신 계획을 성취하기 위해, 하나님은 교회가 열방을 제자로 삼도록 계획하셨다. 예수님은 제자들에게 모든 족속으로 제자를 삼아 세례를 주고 예수님의 모든 명령을 가르쳐 순종하게 하라고 말씀하셨다. 열방은 1단계 사역—즉, 가서 세례를 주고 가르치는 것—에서 변혁되지는 않는다. 변혁이 일어나는 것은 사람들이 생활과 사회의 모든 영역에서 하나님의 의도(뜻)에 순종할 때이다. 전도와 세례는 시작에 해당하지만, 제자훈련—"가르쳐 지키게 하"는 것—은 교회의 지속적인 사명이다.

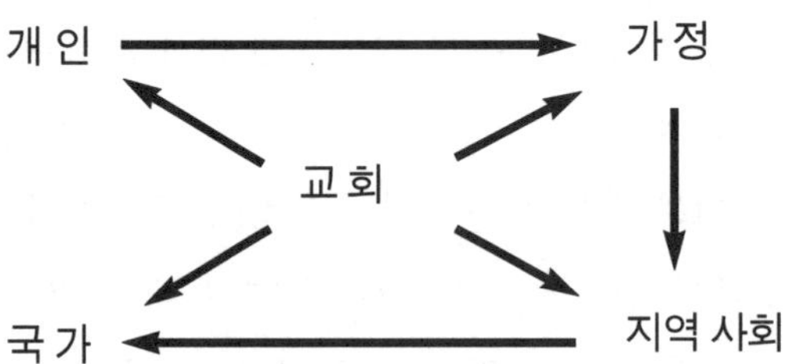

하나님의 계획에서, 교회는 모든 변혁의 중심에 서 있다. 교회는 변혁의 과정을 주관한다.[20] 교회는 사회의 모든 계층—개인, 가정, 지역 사회, 국가—에서 그리스도의 뜻의 전달자요, 주관자이다.[21] 교회는 성도들을 세워 사회의 구석구석까지 삶의 모든 영역에서 하나님의 뜻과 의도를 대표한다.

혹자는 이렇게 묻는다. "만약 당신의 교회가 내일 문을 닫는다면, 지역 사회가 그 사실을 알까요? 알게 되면 반대할까요?"[22] 만약 "예"라면, 교회가 지역 사회를 성실하게 섬겼기 때문일 것이다. 우리는 그러한 현장을 목격하였다. 지역 교회가 지속적이고 창의적이며 희생적으로 지역 사회를 섬긴다면, 그 지역 사회에 성경적 변혁이 일어나게 된다.

케냐의 한 빈민 지역에서 점차 변혁이 일어나고 있는 사례를 살펴보자.

카기슈(Kagishu)는 버려진 양철판과 부러진 나무 조각들로 지은 집들이 들어차 있던 판자촌인데, 이곳에 열다섯 명의 교인을 가진 조그만 교회가 하나 서 있었다. 이 교회가 우리 선교회의 전인 사역 세미나에 참석해 보라는 초청을 받고, 스물한 살 된 메섹(Meshack)이란 청년을 보냈었다. 세미나를 마친 그는 "예수님 명령에 대한 순종은 선택이 아니라 의무이다!"라고 고백하며 새로운 비전을 안고 돌아왔다. 메섹은 목사님, 장로인 디스무스 그리고 자기의 아내와 함께 그들의 지역 사회에 하나님의 사랑을 드러내 보일 수 있는 한 가지 프로젝트를 실천할 수 있도록 하나님께 기도하기 시작했다. 하나님의 응답은 교회에서 어린이들을 위한 초등학교를 시작하라는 것이었다.

그 즉시, 그들은 교회 교인들 중 아이가 있지만 돈이 없어 학교에 보낼 형편이 못되는 부모들과 의논하기 시작하였다. 몇몇 부모는 그들 자녀를 교회에서 시작하는 학교에 보내겠노라고 했다. 아무런 교사 훈련을 받지 못했지만, 목사님과 메섹과 그의 아내는 책상도, 책도, 아무 도구도 없는 교회당에서 여섯 살부터 열두 살 된 아이들을 모아놓고 가르치기 시작했다. 동네 사람들은 이 학교에 별로 관심을 두지도 않았을 뿐더러, 심지어 밤에 몰래 와서 물건들을 훔쳐가기도 했다. 메섹은 7개월째 가서야 처음 '월급' 이란 것을 받았는데, 학생 부모들이 준 학비와 기부금을 모두 합한 1달러(USD) 정도였다. 메섹과 디스무스가 다른 이웃 아이들을 학교로 오라고 권했더니, 학생 수가 금세 늘어나 모두 마흔다섯 명이나 되었다. 6개월 후에 두 번째 자원봉사 교사가 나타났고, 8개월 후엔 세 번째 자원봉사 교사가 합류했다. 학생 수가 100명으로 늘어나자, 이제는 교사들이 교실 중앙에서 서로 등을 지고 반대쪽을 보며 수업을 진행해야 했다. 아이들이 많아서 주위가 시끄럽게 되니까, 학교 옆에 살던 사람들이 이사를 가 버렸다. 그러자 학교 공간은 더 넓어졌다. 2년 후에는 학교 건물이 두 개가 되어, 교실은 열 개 이상이 되었고, 주일에는 교회로도 활용했다.

이듬해 교회는 근처에 있는 카왕와레(Kawangware) 마을에 조그만 땅을 사서 좀 더 견고한 건물을 지어 이사하였다. 6년 후에는 월급을 받는 교사만 열일곱 명이 되었고, 직원이 다섯 명에다 아이들은 445명으로 늘어나게 되었다. 그나마 이 숫자는 새로 들어선 정부가 모든 초등학교 학생들이 무상으로 공부할 수 있도록 했기 때문에, 600명에서 445명으로 줄어든 것이다. 인근 지역에 있는 모든 사립학교가 문을 닫았지만, 이 학교만큼은 아직까지도 입학하려는 학생들이 대기 중이다.

이상의 줄거리는 교회와 학교와 지역 사회에 대한 이야기의 시작에 불과하다. 이러한 교회의 노력 때문에, 가까운 마을에는 열 명의 직원과 60명의 학생을 가진 중고등학교가 새로 들어서게 되었다. 카기슈에 있는 어떤 다른 교회는 초등학교를 새로 시작하여 메섹이 운영하는 학교가 이사를 가는 바람에 수용하지 못했던 학생들을 받아 주었다. 그리고 또 다른 교회는 일하러 가야 하는 엄마들을 위해 하루 종일 운영되는 놀이방을 시작하였다. 메섹의 교회는 60명 교인으로 증가했고, 새로운 교회를 개척하여 40명 이상의 교인들이 생겨났다. 그리고 이 두 교회가 다시 다른 지역에 새로운 두 개의 교회를 개척하였다. 전부터 담임하던 목사님은 3년 전에 우간다로 이주하였는데, 거기서 중고등학교를 시작하여 꽤 성장하고 있다. 카기슈에는 새로운 잡화점이 들어서서 학생과 교사들과 학부형들을 편리하게 해 주었고, 학교가 이사한 지역에는 신규 소규모 사업체들이 들어서게 되었다. 게다가 건설업자들은 견고한 학교 건물을 지을 일거리를 얻게 된 것이었다.

보잘것없던 조그만 한 교회와 교인들의 희생어린 순종으로 인해, 6년의 세월이 흐른 후에 카기슈와 카왕와레 마을의 지역 사회와 교회에 크고도 눈에 띄는 결과가 나타난 셈이다. 사실 카기슈에서의 변화는, 지역 사회 주민들이 그들의 지역 명을 카기슈('칼' 혹은 '베어 버림' 이란 뜻)에서 루이타(Ruita, '위험한 것을 없앰' 이란 뜻)로 바꾸자고 제안했다는 사실을 통해 증명되고 있다.[23]

비록 하나님만이 지역 사회의 전체적인 변혁의 정도를 알고 계시겠지만, 우리들도 지역 사회에 나타난 이 모든 영향의 증거를 아래와 같이 계수해 볼 수 있다.

- 서른두 개의 전임 직업
- 다섯 개의 학교
- 1,000명 이상의 어린이가 학교에 감
- 여섯 개의 신생 교회
- 셀 수 없는 새신자들
- 카기슈 및 카왕와레의 새로운 산업 발생
- 카왕와레의 새로운 경제 발전

사회 변혁

사회 문제에 개입하는 것이 교회의 최우선 순위는 아니라 할지라도, 교회가 사회 가운데 하나님의 관심사를 대표하려면 우선순위 중의 하나가 되어야 한다. 구약에서는 정부에 대한 하나님의 관심을 볼 수 있는데, 레위기의 상당 부분은 민법과 생활에 대한 하나님의 구상이 나와 있다. 하나님은 그분의 모델 국가인 이스라엘에 지대한 관심을 갖고 계셨다. 하나님은 그분의 대표들인 요셉과 다니엘과 느헤미야를 이방 국가로 보내어 공공선을 위해 다스리도록 하셨다. 성경에는 요셉이 애굽에서, 다니엘과 느헤미야는 바벨론에서 어떻게 했는지가 매우 구체적으로 나와 있으며, 유대인들에게 포로로 잡혀간 땅에서 이방 국가를 위해 기도하라고 권면하고 있다. "너희는 내가 사로잡혀 가게 한 그 성읍의 평안하기를 힘쓰고 위하여 여호와께 기도하라 이는 그 성이 평안함으로 너희도 평안할 것임이니라."[24] 예수님께서도 동일하게 우리가 하늘 시민으로서뿐만 아니라 살고 있는 사회의 시민으로서의 의무를 다하라고 분명하게 말씀하셨다.[25] 바울도 로마서에서 세상 정부에 대한 하나님의 관심을 상기시킨다. 하나님께서 정부를 세우셨고, 정부는 사회의 공공선을 위해 하나님의 주권 아래 운영되고 있다는 것이다.[26]

국가를 변혁시키는 것 같은 큰 규모가 어떤 모습일지 상상하기는 쉽지 않다. 그렇더라도 하나님의 백성들이 하나님 주권 아래 행할 때, 국가가 제자화되고 문화가 변혁된다는 것을 인식한다면 그런 상황을 상상하는 것이 그다지 어렵지 않다. 앞에서 본 대로, 하나님께서는 이스라엘을 향해 그들이 스스로 겸손하여 하나님 얼굴을 구하고 그들 가운데서 악을 제거하면 그 땅을 고치시겠다고 약속하시지 않으셨는가.[27]

사회 변혁과 사회 정의

사회는 좋은 주택 정책이나 교육 프로그램, 혹은 미혼모 상담센터나 교도소 사역 등에 의해 변혁되지 않는다. 이런 것들이 바람직하긴 하지만, 사회악의 증상들을 다룰 뿐이다. 근본 원인들을 다루지 않는다면, 불의와 사회적 병폐와 도덕적 부패만 계속 늘어날 것이다.

이사야 58장은 우리가 근본 원인들과 증상들을 둘 다 모두 다루는 것이 바로 하나님을 예배하는 것이라고 말한다. 7절에서 하나님은 주린 자에게 음식을 주고, 가난한 노숙자에게 쉼터를 제공하고, 헐벗은 자를 입히고, 가족을 방관하지 않는 모든 것이 그를 예배하는 것이라고 말씀하신다.

그러나 어떤 사람들은 사회 불의의 근본 원인을 해결하는 데 강력하게 영향을 끼칠 수 있는 위치에 있다. 6절에서는 예배하는 방법을 이렇게 언급한다. "흉악(불의)의 결박을 풀어 주며", "멍에의 줄을 끌러주며", "압제 당하는 자를 자유케 하며", "모든 멍에를 꺾는 것이 아니겠느냐." 이러한 '풀어 주며', '끌러주며', '자유케 하며', '꺾는 것' 이란 단어들은 권력과 관련된 용어이다. 정부나 정치계나 사업계에서 권력이나 영향력을 가진 그리스도인들은 불의의 근본 원인을 다루기 위해 하나님께서 전략적으로 그 자리에 배치하신 사람들이다. 또한 이사야 59장에서도 하나님은 권세를 가진 자들이 거룩한 영향력을 행사하라고 하신다. 교회는 지도력을 가진 사람들에게 하나님의 뜻이 드러나는 변화를 일으키도록 노력하게끔 권면하며, 청년들에게는 영향력을 가진 자리에 들어갈 수 있도록 준비하라고 촉구해서, 다음 세대에 가서도 하나님의 뜻을 대표할 수 있도록 해야 한다.

일반적으로 교회는 영향력과 권세를 가진 경건한 사람들이 있을 때, 불의의 근본적인 원인들에 가장 효과적으로 대처할 수 있다. 지방 정부 차원에서는 시의회 의원이나 시장들이 사회 구조 속에 있는 뿌리 깊은 불의의 문제를 다룰 수 있는 계층이다. 교회는 교인들 중에 지역 사회 문제들에 관심 있는 공직자들을 권면하여 정치적 책임을 다하게 해야 한다. 이런 위치에 있는 성도들을 외면하지 말고, 그들을 모이게 하고, 기도해 주고, 격려하여 책임껏 소임을 다하도록 해 주어야 한다.

우리가 근본 원인과 사람들의 고통에 대처하게 되면, 이사야 58장에서 약속된 하나님의 치유를 경험하게 될 것이다.

"그리하면 네 빛이 아침 같이 비췰 것이며 네 치료가 급속할 것이며 네 의가 네 앞에 행하고 여호와의 영광이 네 뒤에 호위하리니 네가 부를 때에는 나 여호와가 응답하겠고 네가 부르짖을 때에는 말하기를 내가 여기 있다 하리라"[28)]

다르게 한번 생각해 보자. 물질적으로 '너무 가난한' 교회는 그들이 지역 사회를 섬기지 못하는가? 그렇지 않다. 마찬가지로, 비록 권력을 가진 경건한 사람들이 없다 할지라도 '아무런 권세가 없는' 지역 교회나 개인 성도들이 사회 불의에 대처할 수 없는 건 아니다. 교회는 하나님의 대사관으로서 하나님이 불러 시키시는 일을 할 수 있는 그분의 능력과 권세를 소유하고 있다. 우리는 그분의 대사로서, 그분의 이름으로 그분을 대표하여 일할 수 있다.

도덕, 윤리, 세계관, 신앙 영역의 문화 변혁

지금까지 정치적 과정에 대해 얘기해 왔지만, 이것이 문화 변혁을 위한 유일한 혹은 최선의 방법만은 아니다. 우리 지역 사회와 국가는, 하나님 백성들이 "예수님이 시장이라면 어떻게 하실까?" 란 물음 앞에 성실하게 섬길 때 변화될 것이다. 하나님의 능력으로 어디를 가든지 하나님을 대표하는 하나님의 사람들이 그분이 원하시는 형태의 변혁을 일으킬 것이다.

분명한 것은 우리 사회와 문화는 변혁되어야 한다는 사실이다. 바울이 말했듯이 만물은 하나님과 화목되어야 하며, 우리가 바로 이 일을 위한 주체이다. 주위 사회의 사람들은 영적 중생이 필요하고, 문화는 성경적으로 변혁되어 하나님의 뜻과 성경적 원리에 입각한 가치, 도덕, 윤리에 의해 형성되도록 해야 한다. 하나님의 왕국이 우리 생활과 교회 속으로 침투해 들어오고 우리가 그분의 뜻에 순종하게 될 때, 국가들과 문화들은 정의, 도덕, 윤리, 세계관과 신앙 영역에서 제자화될 것이다.

어떤 사회든지 병폐들을 꼽으라면 금방 꼽을 수 있다. 우리나라의 문화 속에도 많이 있다. 전통적인 가정의 가치가 추락하고, 권위에 대한 존중도 하지 않는다. 소비주의가 만연하고, 언론은 그리스도인들을 우습게 여긴다. 일반 대중은 영적이라고 주장하면서도, 세계관은 거의 무신론적이다. 성적 부도덕은 일상적이고, 정부와 사업계는 성경적 기준으로 운영되지 않는다. 소요, 범죄, 마약과 인종 갈등은 거의 모든 지역 사회에 존재한다. 태아와 병자와 노인에 대한 생명 존중은 사라지고 있다. 연예계는 난잡하기 이를 데 없고, 노동 윤리는 흔들리고 있다. 사람들은 하나님과 타인에 대한 관심보다는 개인의 권리와 선택을 선호한다.

어떤 조사에 의하면 미국 내에서 중생한 그리스도인의 단 9%만이 성경적 세계관을 갖고 있으며, 전체 인구의 단지 4%만이 성경적 세계관을 갖고 있다. 여기서 성경적 세계관을 가진 사람들은 그렇지 않은 사람들에 비해 혼외 동거, 음주, 동성애, 추한 언행, 간음, 음란물, 낙태, 도박 등을 실행하지도, 용인하지도, 관대하지도 않는 비율이 훨씬 높다. 조사자들은 다음과 같이 말했다.

> 만약 예수 그리스도께서 이 지구상에 우리가 어떻게 살아야 할지에 대한 모본으로 오신다면, 우리의 목표는 예수님처럼 사는

> 것이어야 한다. 슬프게도 소수의 사람들만이 일관되게 예수님의 사랑과 순종과 우선순위를 실천한다. 사람들이 예수님처럼 행동하지 않는 주된 이유는 그들이 예수님처럼 생각하지 않기 때문이다 … 대부분의 미국인들은 삶의 도전과 기회 앞에서 핵심적인 성경 원리들을 가지고 어떻게 통일되고 의미 있는 대응책을 만들어 내야 할지 거의 모르고 있다.[29]

교회인 우리가 현대 세계의 빛과 소금이 되어야 한다.[30] 우리는 우리의 시장 되신 예수님의 향기와 광채를 사회들과 문화들 속에 전달해 줄 책임과 기회를 갖고 있다. 그러면 이제 우리는 어떻게 살 것인가?

사회 변혁 – 얼마나 지속될 수 있는가?

과거에 성경적 변혁을 경험했던 사회들이 왜 더 이상 변혁된 결과를 유지하지 못하는가? 랍비 다니엘 라핀(Rabbi Daniel Lapin)이 쓴 '동일한 지진, 동일하지 않은 결과' 라는 글이 이에 대한 한줄기 해답을 제시한다.[31] 라핀은 문화가 성경적 세계관에서 멀어질 때, 문화 자체에 커다란 위험을 안겨 준다는 사실을 제시했다. 솔로몬이 통치하던 이스라엘이 하나님의 교훈에서 벗어났을 때, 당시 가장 번영하던 국가로부터 패배한 포로국으로 전락하고 말았다. 유럽의 개혁된 국가들과 북미 국가가 그들의 성경적 뿌리에서 떠났을 때, 그들 역시 쇠퇴하기 시작했다. 각 나라의 각 세대는 창조주를 알고, 사랑하고, 순종하려는 헌신의 정도를 더하든지 혹은 덜하든지 하게 된다. 각 세대가 삶을 위한 하나님의 교훈에 대한 결단과 실천을 얼마나 하느냐에 따라 다음 세대에 영향을 미친다. 하나님과 그분의 뜻을 따르는 세대와 차기 세대는 번영하지만, 거역하게 되면 퇴보의 길을 가게 되는 것이다.

그렇다. 사회의 변혁은 지속될 수 있지만, 각 세대는 생명과 사망 중 어디로 갈지 책임 있게 행동해야 한다. 여기서 교회야말로 세대를 초월하여 이어지는 주체인 만큼 문화 속에 '개입'할 수 있는 완벽한 하나님의 도구로서, 한 세대에서 다음 세대로 비성경적 원리가 전수되는 것을 차단하여 지역 사회와 국가를 생명으로 인도할 수 있다.

지역 교회가 사회에 영향을 주는 여섯 가지 이유

그리스도인들은 하나님의 생각을 읽어 내고 하나님의 계획대로 살 수 있는 능력을 가지고 있다. 이 사실은 지역 교회가 주위 지역 사회에 영향을 미칠 수 있는 유일하고 전략적인 위치에 있음을 알게 해 준다. 우리의 최대 강점은 그리스도께서 교회의 머리시라는 것이다. 하지만 여기에 덧붙여, 왜 지역 교회가 주위 지역 사회에 영향을 주는지를 설명해 주는 최소한 여섯 가지의 논리적인 이유들이 있다.

1. 지역 교회는 총체적인 명령(Wholistic Mandate)을 갖고 있다. 만약 지역 교회가 하나님의 원대하신 계획 앞에 진실하다면, 개인과 지역 사회의 삶의 전 영역에 참여하게 된다. 그리하여 지역 교회는 지역 사회와 지역 사회 내의 모든 개인들을 위한 하나님의 비전—그들의 신체적, 영적, 사회적, 지적 필요들에 대한—대로 수

행한다. 지역 교회는 소속 교인들이나 이웃 지역 사회에 대한 역할을 목회 부분에만 제한시키거나, 하나님의 전체 관심의 한두 가지 영역에만 제한하지 않는다. 교회가 하나님의 거대한 계획에 사로잡히면, 삶의 전 영역에 대해 의도적으로 섬기게 된다.

2. 지역 교회는 성도들을 지속적으로 세운다. 성도들은 정기적으로 또한 자발적으로 함께 모여 설교, 성경공부, 주일학교, 소그룹 등을 통해 가르침을 받고, 권면받아 세워지게 된다. 이와 같은 지속적 모임을 통해 성도들은 어디에 가든지—가정, 지역 사회, 직장, 학교—하나님의 뜻대로 살 수 있게 된다. 사도 바울은 교회 지도자들의 사명은 하나님의 백성들을 봉사의 일을 위해 준비되도록 세우는 것이라고 했다. '세우는 것'(Equipping)은 지식보다 훨씬 그 이상의 것으로서, 성도들의 기술, 태도, 이해, 능력, 영적 은사, 믿음과 충성 등을 준비시키고 경험하게끔 도와주는 것이다.

3. 지역 교회는 사회의 광범한 계층을 대표한다. 한 지역 사회의 지역 교회는 모든 사회·경제적인 계층, 인종 그룹, 교육 수준, 직업 등을 나타내 준다. 교인들은 도시 빈민가와 대저택에 살고 있다. 그들은 다양한 교육 기관, 사업계, 서비스 산업, 언론과 예술, 스포츠계, 의료계, 사회사업계, 농업, 판매업, 제조업, 공장, 법조, 수공업 및 정부 기관 등에서 종사한다. 교회 이외에 어디에 이처럼 다양한 사람들이 한 가지 일에 충성하여 모인 곳이 있단 말인가?

지역 사회의 전 계층이 한 지역 교회에 다 모여 있지 않을 수도 있다. 그러나 여러 지역 교회들 속에는 한 사회의 모든 계층이 다 들어 있기 때문에, 예수 그리스도의 교회는 사회를 망라하는 대표자들을 보유한 셈이다. 이처럼 지역 교회들은 그들의 교인들이 함께 살고, 일하고, 모이고, 시장 보고, 공부하고, 휴식하는 많은 영역에서 하나님의 뜻을 대표할 기회를 갖고 있다. 교회가 문화에 주는 영향을 가장 잘 볼 수 있는 때는 교회가 사회 속에 적극적으로 참여하고 있을 때이다. 만약 교회가 주변으로 소외되면 영향을 주기란 어려울 것이다. 하지만 비록 소외되었을지라도 교회는 빛이 어두움 속으로 파고 들어가는 것처럼 문화 속으로 침투할 수 있다.

4. **지역 교회는 토착적이다.** 지역 교회는 종종 지역 사회의 외부로부터 온 사람들이나 그룹에 의해 개척되기도 하지만, 초기 '선교' 단계가 지나면 토착화된다. 즉, 교회가 섬기는 지역 사회에서 교인들과 지도자들이 생겨나게 된다. 이런 일은 특히 교회가 지역 사회 외부에 있는 어떤 권위적 구조의 교파 교회가 아닐 때 순조롭게 일어난다.

5. **지역 교회의 사역은 지속적이다.** 지역 교회는 토착적이므로, 보통 지역 사회 자원을 가지고 재정적으로 자립(자급)하고 스스로 전도(자전)할 수 있다. 많은 경우 지역 사회의 변혁을 위해—특히 가난한 지역 사회인 경우—외부에서 기관들과 프로그램들이 들어온다. 예를 들면, 고아원, 학교, 병원 및 농업 프로그램 등이다. 이러한 수많은 프로그램들이 외부 지원 없이는 존속할 수 없기 때문에, 지역 교회의 사역은 외부의 계속적인 재정과

인력의 공급이 없이도 지속될 수 있어야 한다.

6. 교회는 교인들의 평생을 위해 예비된 곳이다. 사람들이 평생 동안 자발적으로 또한 정기적으로 모여서 어떻게 살아갈지를 배우는 그런 기관은 세상에 별로 없다. 하지만 지역 교회는 모든 연령대의 신자들—어린이, 십 대, 청년, 장년 및 노인—이 평생 동안 섬김의 사역을 할 수 있도록 세워 주어야 하는 사명을 갖고 있다. 사회의 어떤 기관이 그런 특권을 누리겠는가! 교육기관들이 학생들을 가르치지만 학생 신분일 때뿐이다. 사업체는 직원에게 영향을 주지만, 재직할 때뿐이다. 정치인들이 시민들에게 영향력을 미치지만, 선출된 기간뿐이다.

지역 교회는 교인들이 지속적인 관계를 가지는 곳으로서, 서로 도움을 주고받으며, 성장해 가며, 교회 울타리를 넘어 섬기도록 세움을 입는 곳이다. 참으로 경이로운 실체가 아닌가! 바로 이 교회에 모든 세대를 통해 하나님은 그분의 충만으로 채우시고, 그분의 권능으로 역사하시고, 그분의 영광이 넘치게 하시는 것이다.[32]

교회 성장에 관하여

오늘날 많은 교회들 안에 잘못된 가설이 하나 있다. 그것은 더 많은 사람들이 전도되어 교회가 숫자적으로 성장하면 사회가 자동적으로 변화될 것이라는 것이다. 그러나 교회의 일차적 목표가 수적 성장이어선 안 된다. 때로는 수적 성장이 우리 문화의 불경건한 면에 대해 지적하거나 도전하지 않은 채 메시지를 약화시켰기 때문에 일어나기도 한다. 사도 바울은 우리가 전쟁 가운데 있다고 했다.[33] 이것은 작은 전투가 아니라 대규모 전쟁이다. 우리는 우리의 위치를 사수하고 우리의 적을 대적해야 한다. 우리는 제자훈련의 대가를 양보한 채 사람들을 우리에게 합류하도록 유인해선 안 된다.

나의 동료 중의 한 사람이 두 종류의 교회를 적절하게 비교한 것을 보여 주었는데, 하나는 호수 교회이고, 다른 하나는 강(江) 교회였다. 이들은 어떤 지리적 위치에 있는 게 아니고 목회 철학을 나타내는 것이다. 호수 교회는 비록 크긴 하지만 할 수 있는 일—성장하든지 감소하든지—이 제한되어 있다. 혹은 정체할 수도 있다. 반대로 강 교회는 어디든지 갈 수 있다. 관성을 갖고 있고, 경로를 바꿀 수도 있고, 사람들이 가는 대로 사람들을 인도해 갈 수 있다. 호수 교회는 더욱더 많은 사람들을 모으는 장소로서, 성공의 척도는 사람들의 성품과 섬김의 삶의 성장과는 무관하게 호수의 크기에 의해 평가된다. 강 교회는 사람들이 강 속에 있는 동안 영향을 주어, 사람들이 강둑을 넘어 흘러가게 된다. 호수 교회는 "사람들이 얼마나 모였지?"라고 질문한다. 반면 강 교회는 "참석한 사람들에게 어떤 일이 일어났지?"라고 묻는다. 호수는 "얼마 만큼의 사람들이 프로그램에 접근했지(참석했지)?"라고 묻는다. 그러나 강은 "프로그램이 사람들에게 접근했나(영향을 주었나)?"라고 질문한다.

교회가 하나님 나라의 가치를 따라 성장할 때, 교인들은 주님의 통치 아래 살기로 헌신하게 되어, 그들의 개인과 가정과 지역 사회의 삶의 모든 영역에서 하나님의 다스림을 대표하게 된다. 교회가 이처럼 성장할 때, 사회는 변혁될 것이다. 하나님의 왕국은 그분의 뜻이 이뤄질 때 가시화되고, 뜻이 하늘에서 이루어진 것같이 땅에서도 이루어질 것이다. 이것은 숫자의 문제가 아니라 순종의 문제이다. 그분의 뜻이 이뤄질 때, 하나님은 교회를 사용하여 문화를 변화시키신다.

지역 교회의 능력과 잠재력

세계 어디서나 그 어떤 다른 기관들보다 지역 교회는 문화를 형성할 수 있는 최대의 잠재력을 가지고 있다. 우리가 그러한 잠재력을 바라볼 때, 그리스도께서 왜 교회를 세우셨는지, 특히 지역 교회를 그분의 거대한 계획의 관리자로 세우셨는지를 이해할 수 있다. 교회는 하나님 나라를 선포하고 전진시킨다. 교회는 하나님 뜻이 하늘에서처럼 땅에서도 이뤄지게 한다. 많은 지역 교회들이 아직 이런 종류의 영향력을 갖고 있지 못하고 있는데, 일차적 이유는 그들이 사명을 모르고 있거나 하나님이 주신 잠재력을 모르고 있기 때문이다. 하지만 교회는 그분의 명령과 능력과 함께 거대한 잠재력을 가지고 있다.

하나님은 교회와 성도 개인들을 부르셔서 사회 가운데서 그분을 대표하여 상처 입은 사람들을 돌보게 하시고, 사회적, 도덕적, 윤리적 미덕을 위한 표지가 되게 하신다. 교회는 반드시 행동으로 실천해야 하는데, 교회의 능력이 아니라 하나님의 능력으로 해야 한다. 하나님은 전능하시다. 그분은 우리 없이도 변혁을 일으킬 수 있으시지만, 우리를 사용하시기 위해 선택하셨다. 그분은 우리에게 불가능한 일을 하라고 명령하시고 우리를 버려 두시는 그런 분이 아니시다. 그분은 우리를 세우시고,

능력을 주시고, 우리에게 필요한 사람과 은사를 주시고, 사명을 완수하도록 인도하신다. 교회는 그분의 도구이며 화해의 통로이다. 주어진 사명이 너무 커서 우리가 다 이해할 순 없지만, 우주의 주께서 그분의 백성을 택하셔서, 이 깨어진 세상에서 그분의 손과 팔과 다리와 대변자가 되어 그분의 계획을 이루게 하시는 것이다.

제 10 장

지역 교회를 세우기

총체적 전도를 위한 지역 교회

지난 20년 이상, 나는 하나님께서 제2/3세계의 교회들이 영적 사역에만 집중하는 좁은 관점에서 벗어나 넓은 관점을 가지고 하나님의 더 크신 계획을 보게 하시는 광경을 목격하였다. 좁은 관점은 깨어진 세상에 대한 하나님의 전체 관심 중 다른 부분을 못 보게 하지만, 넓은 관점은 교회로 하여금 하나님의 전체적 의도를 수행하는 대사관의 역할을 하게 한다. 그러나 교회가 교인들을 동원하여 예수님이 시장이시라면 하시게 될 변혁적 활동들을 하게 한다면, 결과는 매우 역동적이며 놀랍게 될 것이다!

총체적 사역에 초점을 맞춘다고 해서 복음의 선포 사역이 결코 약해지는 것이 아니다. 총제적 사역은 복음 선포 사역—즉, 하나님의 사랑과 구원을 말과 글로 표현하는 것—의 필요성을 결코 약화시키지 않는다. 교회가 하나님의 뜻을 성취해 나가는

데 있어 선포(Proclamation)는 하나의 동반자로서 하나님 사랑을 말이나 글로 증거하는 역할을 하지만, 여기서 말하는 것은 또 하나의 동반자로서 하나님 사랑을 입증(Demonstration)하는 역할을 하는 것이다. 이제 총체적 사역이 어떻게 지역 교회와 교인들의 삶의 모습 속에 깊이 각인되어 하나의 특성으로 만들어져 가는지 살펴보자.

어떤 아프리카 교단에서 각 지역 교회가 한 해의 주제를 '서로 사랑합시다' 라고 정한 적이 있다. 매우 좋은 일이다! 그러나 "어, 그건 지난해 주제였잖아!" 라고 말하지 않도록 주의하자. 총체적 사역이 우리 교회의 DNA(유전인자)가 될 때, 이웃 사랑은 해마다, 아니 영원히 우리의 주제가 된다.

DNA 이식하기

어떤 셀 교회 대회에서 강의하고 있을 때, 누군가 한 가지 기본적인 질문을 했다. 그는 세계적으로 셀 교회 운동에 앞장서는 지도자 중의 한 사람이었다.

> 밥 목사님은 전 세계의 수많은 지역 교회들을 돌아보고 계시는데, 총체적 사역을 교회 본질의 일부로 만든 교회들은 어떤 다른 점이 있던가요? 어떤 요소들 때문에 그들이 이런 가르침을 '붙잡고' 그대로 살도록 하던가요? 나도 우리 교회에서 이런 대회를 했고, 몇 가지 겨자씨 프로젝트도 실시했습니다. 그런데 이런 일을 좀 더 많이 하고 싶습니다. 이것이 우리 교회의 존재의 일부가 되었으면 합니다. 총체적 사역이 지역 교회의 DNA

의 일부가 되게 하는 요소들이 무엇인지요?

얼마나 도전적인 질문인가! 과학적으로 보면 나의 DNA는 나의 유일한 '인자'를 전달한다. 나의 DNA가 나 자신, 나의 외모와 능력과 특성—내가 자녀와 손자에게 물려주는 유일한 것들—을 말해 준다. 마찬가지로 한 지역 교회의 'DNA'는 그 교회의 정체성, 특징, 가치—즉, 그 교회의 교인들에게 물려주는 유일한 특징들—를 설명해 주게 된다.

그 지도자는 지역 교회가 어떻게 총체적 사역에 깊이 젖어 들어 교회 정체성의 일부가 되게 할 수 있는지를 알고 싶어 한 것이다. 나는 그날 밤에 대답할 내용을 생각하느라 거의 잠을 자지 못했다. 다음 날 아침까지 나는 다섯 가지 특성들을 정리해서, 우간다에서 온 한 대형교회 목회자와 의논했다. 그 교회는 총체적 DNA를 갖고 있었기 때문에, 그의 의견을 구한 것이다. 실제로 사람들이 그의 교회에 출석하기를 원하면 그는 이렇게 말한다. "우리는 총체적입니다. 이게 우리의 정체성이에요. 우리 교회의 일원이 되기 원하시면 이 일을 할 준비를 하셔야 해요. 우리에게 오신다면 당신은 총체적 예배를 드리게 될 겁니다"라고 말이다. 그리고 새신자가 교회에 등록하게 되면, 그들은 이미 그 교회의 DNA가 뭔지 알게 된다. 즉, 소그룹 속에 들어가서, 지역 사회를 섬기며, 교인들 서로간에 상호 보고 책임을 갖게 될 것이다. 그리고 교회가 서로 협력해서 일하고 있음을 목격하게 될 것이다. 그 우간다 교회의 목사는 내가 내민 다섯 가지 요소에 동의했다. 그 후 나의 동료들이 두 가지를 더 추가하여 모두 일곱 가지가 되었다.[1)]

지역 교회 DNA의 요소들

1. 확신: 교회의 최고 지도자들은 총체적 사역이 그리스도의 사랑을 입증하기 위해서 결코 양보할 수 없는 것이라고 전적으로 확신해야 한다. 만약 지도자가 확신하지 않는다면, 비록 교회가 때때로 총체적 활동을 하고 있더라도 총체적 사역은 교회의 DNA의 일부가 되지 않을 것이다. 교회 지도자는 또한 교회가 주위 이웃들을 사랑하면 그 열매를 주실 분은 하나님이시라는 사실을 확신해야 한다. 교회가 반드시 그 열매를 보지 못할 수도 있으며, 다음 세대가 그 열매를 보게 될 수도 있다.

2. 회개: 총체적인 교회는 과거의 불순종을 회개하고, 잘못 갔던 길로부터 돌아서서 새로운 길로 하나님과 함께 온 마음을 다해 걸어가야 한다. 우리가 훈련시켰던 대부분의 지역에서 성령께서는 교회의 눈을 열어 하나님의 광대한 계획을 보게 해 주셨다. 하나님은 목회자들과 교회 지도자들 속에 그들 사회 내의 깨어진 부분들을 고칠 수 있는 하나님 나라의 해답을 갈구하는 순수한 마음을 이미 주셨다. 그들은 교회 사역과 그들 사회를 위한 하나님의 계획 사이에 너무나 거리가 있음을 보았다. 그리고 교회가 하나님의 전체 계획에 도달하지 못하고 있다는 것을 깨달았다. 하나님의 뜻에서 동떨어져 있는 것은 비록 일부러 그런 것은 아닐지라도 분명히 죄이다. 회개해야 할 것이다. 여기서 '회개한다'는 것은 돌아서서 방향을 바꾼다는 것이다. 이것은 성령의 인도로 하나님께로 돌아서서 우리를 변화시키게 한다는 것이다. 성경

을 보면 특정한 사건을 기념하고 더 잘 기억하도록 하기 위해 의식을 집행하는 것을 볼 수 있다. 교회에서도 이처럼 과거의 무지에 대해 회개하면서 새로운 방향으로 가기로 헌신한다는 것을 기념하기 위해 특별 예배를 드리든지 할 수 있을 것이다.

3. 헌신: 목회자들과 지도자들은 회중들을 총체적 사역으로 인도하기 위해 무슨 일을 하든지 헌신적이어야 한다. 교회 지도자들은 교회적으로 비전을 위해 사역하며, 또한 사랑의 섬김의 삶에 개인적으로 헌신해야 한다. 이들의 헌신은 희생, 모험, 시간과 노력이 수반된다. 조직을 다시 조정해야 할 수도 있다. 어떤 교회 활동들은 포기해야만 할지도 모른다. 아마 교인들 일부가 떠날지도 모르겠다. 헌금이 줄어들 수도 있고, 새로운 활동을 위해 더 많은 비용이 들 수도 있다. 소속 교단이나 동료들이 뭐하고 있냐고 의아해 할 수도 있다. 그러나 교회 지도자들은 총체적 사역이 교회의 정상적이고 자연스러운 삶의 모습이 될 수 있도록 전적으로 헌신해야 한다.

4. 적용: 지역 교회 지도자들은 총체적 사역을 자신들의 가르침과 삶의 모습 속에 적용하는 데 집중해야 한다. 총체적 사역의 가시적 모습은 교회 활동 가운데 나타난다. 교회 지도자들은 총체적 사역을 구상하고 가르칠 뿐만 아니라, 실천하는 사람들이다. 그들은 이 책의 뒷장에 소개되는 사랑의 훈련과 겨자씨 프로젝트 같은 도구들을 사용하고 적용한다. 교회에서는 거의 모든 설교와 가르치는 시간마다 총체적인 것에 대해 말하고, 연습하고, 적용하는 것이 필요하다.

5. 지속적 가르침: 교회 성도들에게 섬김의 명령을 지속적으로 상기시켜 주어야 한다. 총체적 사역은 어떤 세미나를 통해 소개할 수 있지만, 그 뒤에 바로 잊어버리지 않도록 해야 한다. 이는 마치 복음의 기본 내용을 가지고 누군가를 그리스도에게 인도해 놓고, 더 이상 가르쳐 주지 않은 채 그가 복음을 이해하고 그대로 살게 될 것으로 기대하는 것과 같다. 총체적 사역은 교회의 모든 교육 과정—설교, 성경공부, 예배, 소그룹, 멘토링 등—속에 포함되어야 하고, 교회에서 가장 자주 반복되는 주제여야 한다. 사실 잘 살펴보면 모든 성경 주제 속에 총체적 의미가 들어 있다. 회중은 총체적 사역에 대해 지속적이고도 정기적으로 설교와 가르침과 멘토링을 통해 배워야 한다.

6. 상호 보고 책임: 지역 교회가 총체적 DNA를 갖고 있다면, 성실한 사랑의 섬김을 위해 개인적이며 교회적인 차원에서 상호 보고 책임이 있어야 한다. 교회 지도자들은 그들 자신과 성도들이 섬김의 활동에 대한 책임감을 갖게 해야 한다. 소그룹 리더는 그룹 활동에 대해 보고하도록 한다. 모든 사람이 보고하도록 하고, 또한 교회는 성도들에게 보고한다. 마치 교회가 재정, 출석, 회원, 세례 현황 등에 대해 보고하듯이 총체적 사역도 교회 앞에 보고하도록 한다.

7. 인정: 총체적 사역이 지역 교회 DNA의 한 부분이 될 때, 교회는 교회나 성도들에 의해 행해진 섬김의 활동을 축하하도록 한다. 이것은 사람들이 잘한 일을 축하하기 위해서가 아니라 하나님께서 성령으로 사람들을 동원하셔서 그분의 대사로서의 역할을 한

데 대해 축하하는 것이다. 여기에는 여러 가지 방법이 있다.

- 예배를 통해: 매주 예배 시간에 섬김의 봉사에 대한 간증 시간을 준다. 이는 사람을 높이기 위해서가 아니라, 하나님의 백성을 통해 하나님께 영광을 돌리기 위해서이다. 마태복음 5장 16절에는 "이같이 너희 빛을 사람 앞에 비취게 하여 저희로 너희 착한 행실을 보고 하늘에 계신 너희 아버지께 영광을 돌리게 하라"고 하였다.
- 소그룹을 통해: 주일학교, 성경공부, 셀그룹 등에서 각자 지난 한 주간 동안에 섬김의 활동을 통해 일어난 일을 나눈다.
- 게시물을 통해: 교회 게시판이나 주보나 교회 신문에 섬김 활동에 관한 이야기나 사진을 싣는다.

우리가 거듭날 때, 우리는 그리스도의 'DNA', 즉 그분의 형상을 본받을 수 있는 능력을 받는다. 우리는 이미 그것을 갖고 있지만 적용해야 한다. 총체적 메시지도 이미 성경 속에 있다. 지역 교회 지도자들이 그것을 활용할 때, 교회 DNA의 한 부분이 되는 것이다.

지역 교회를 향한 하나님의 비전 확립

지역 교회가 전인적 비전을 가지고 전인 사역을 위해 성도들을 훈련하려면, 먼저 전인적 비전에 대해 확립하고, 성도들에게 알려 주고, 지역 사회에서 실행해야 한다.

세우는 것(Equipping)은 가르치는 것 이상이다. 이것은 본받게 하고, 훈련하고, 도구를 제공하고, 성품과 태도를 다듬고, 비전을 갖게 하고, 지식과 경험을 제공하고, 멘토링하고, 제자훈련을 하는 것이다. 말하자면 광범위하게 준비시키는 것이다.

교회 지도자들에게 전인적 비전을 심어 주기 위해, 우리는 이런 질문을 자주 한다. "만약 예수님이 시장이라면 지역 사회는 어떻게 변할까요?" 먼저 비전을 갖는 것이 핵심이다. 성경에서 "묵시(비전)가 없으면 백성이 방자히 행하거니와"[2)]라고 했다. 비전 없는 교회는 현상 유지에 만족할 것이다. 조금이라도 있다면 주위 지역 사회에 하나님 나라의 영향을 줄 기회가 생긴다. 그러나 비전 있는 교회는 일시적일 뿐 아니라 영원한 영향을 줄 커다란 잠재력을 갖게 된다.

교회를 향한 하나님의 비전은 보통 지도자들로부터 성도들에게 전달된다. 따라서 모든 경로—사명선언문, 강단, 성경공부, 소그룹, 섬김의 봉사활동 등—를 통해 비전이 전달되고 확산된다. 비전을 전하고, 비전대로 실천하고, 비전을 더욱 강화하여 교회의 체질로 되도록 하는 것이 중요하다.

담임 목회자가 비전을 전체 교회에 전달하는 것이 가장 효과적이기 때문에, 먼저 다른 교회 지도자들—동역하는 목회자, 장로, 교사, 교회 직원 등—에게 비전을 전달한다. 목회자들과 장로들이 먼저 동일한 비전을 갖고 실천해야 하며, 함께 회중들에게 하나님의 총체적인 비전을 설파한다.

나아가서, 설교는 설교와 동일한 내용의 메시지가 교회 전체의 활동 속에 통합될 때 매우 큰 효과가 있다. 회중들은 설교 시간에 하나님의 비전을 듣게 되며, 또한 동일한 메시지가 주일학교, 성경공부, 구역 혹은 셀 모임, 제자훈련 그룹, 예배, 청년 사역, 상담 사역 및 전도 팀 등의 활동을 통해서도 듣게 하는 것이다.[3)]

총체적 사역을 교회의 사명선언문과 비전선언문에 한 부분으로 삽입하는 것이 매우 중요하다. 어떤 유명한 교회 지도자가 정의하기를 사명선언문(Mission Statement)은 교회의 사역에 대한 명확한 요약으로서, 교회가 왜 존재하는지에 대한 광범위한(Broad) 설명이다. 예를 들면, 위대한 명령[4)]과 위대한 계명[5)]을 종합하여 정리할 수도 있다. 그렇다면 비전선언문은 한 지역 교회가 가진 유일한(Unique) 부르심을 정의한 것이다. 즉 지역 교회가 위치한 지역, 사역 대상, 사역의 방법 및 최종 목표 등에서 교회마다 독특한 것이다.[6)] 나는 개인적으로 '비전'을 유일한 것으로, '사명'을 광범위한 것으로 생각하기도 한다. 어떻게 사용하든지 지역 교회의 보편적인 부르심과 유일한 부르심을 의도적으로 총체적인 의미로 정리하는 것이 핵심이다. 교회의 사명과 비전은 하나님의 전체적 관심사인 영적, 신체적, 사회적 영역과 관련되어 있다는 사실이 중요하다. 교회의 선언문은 다음과 같은 개념들로 표현할 수도 있을 것이다. 이것들은 내가 통합적 관점에서 정리해 본 것이다.

- 그리스도를 주님으로 선포하며 주님을 위해 이웃을 섬기는 것(고후 4:5)
- 세상으로 가서 열방을 제자 삼고 하나님의 도를 가르쳐 지키게 하는 것(마 28:19)
- 하나님의 뜻을 행하며 하나님 나라를 확장하는 것(마 6:9-10)

- 만물을 회복시키는 것(골 1:20)
- 가르치고, 교제하고, 연합하고, 기도하는 것(행 2:42)
- 빛과 소금과 누룩이 되는 것(마 5:13-16, 13:33)
- 의를 행하고, 인자를 사랑하고, 주님과 겸손히 동행하는 것(미 6:8)
- 예배하는 것, 특히 음악과 찬양을 통해(골 3:16)
- 성도를 섬김의 사역을 위해 세우는 것(엡 4:11-12)
- '지극히 작은 자' 에게 그리스도에게 하듯이 행하는 것(마 25:40)
- 사랑과 선행으로 서로 격려하는 것(히 10:24-25)
- 서로 돌아보는 것(롬 12:13)
- 먼저 하나님을 사랑하고, 다음으로 이웃을 사랑하는 것(마 22:37-39)

만약 사명선언문이나 비전선언문을 가지고 있지 않다면, 목회자와 지도자들이 만들 수 있다. 교단의 경우 교단 전체의 사명선언문을 채택하고, 각 지역 교회는 비전선언문에 총체적 부르심을 명시할 수도 있다.

비전의 공유와 실행

총체적 비전을 목회자와 지도자들이 붙잡았다면 이제 성도들 개인과 가정과 소그룹에게 전파하고 실행하도록 해야 한다. 때때로 바로 이 시점에서 목회자와 지도자들은 이런 생각을 하기도 한다. "가만히 있어 봐. 우리 교회는 너무 작잖아! 돈도 없고

… 사람들이 안 하려고 할 걸" 이라고 말이다. 내가 제안하는 것은 많은 시간과 돈을 투자해야 하는 큰 규모의 프로젝트를 말하는 것이 아니다. 그 대신 거대한 비전에 관한 것이다. 이것은 조그만 프로젝트로서, 조그마한 시간과 재능과 자원들의 희생적인 투자이다. 조그만 실천은 하나님의 거대한 뜻을 실현하는 데 보잘것없이 보일 수도 있지만, 천 리 길도 한 걸음부터 시작하는 법이다. 하나님 뜻은 한 번에 한 번의 순종으로 이뤄진다. 이때 내가 즐겨 쓰는 질문이 있는데, "코끼리를 잘 먹는 최선의 방법은 무엇이죠?" 라는 것이다. 답은? "한 번에 한 입씩!" 이다. 물론 진짜 코끼리를 먹는다는 얘기는 아니다. 다만 아주 거대한 과업을 마주할 때, 나는 이 얘기를 떠올린다. 조그만 행동을 하나씩 실천하면 큰 비전이 완성되는 것이다.

미얀마에서 대회를 가진 적이 있었다. 수많은 목회자들과 교회 지도자들을 여러 소그룹들로 나누고, 각 소그룹들로 그들의 지역 사회를 위한 조그만 프로젝트를 세워서 전체 앞에 소개하도록 했다. 참석자 중 한 여의사는 그 나라에 필요한 것들이 너무나 많았기 때문에, 그룹에서 의논한 조그만 프로젝트가 보잘것없다고 생각했다. 그런데 30여 개의 소그룹들이 각자의 조그만 프로젝트를 계획해서 발표했을 때, 그 여의사는 놀라고 말았다. 조그만 것들이었지만 모두가 함께 실행했을 때 드러나게 될 잠재능력 앞에 압도당하고 말았던 것이다!

다음에 소개하는 몇 가지 방법은 교회에서 사용하는 전통적 혹은 비전통적 교육 방법을 통해—한 번에 한 입씩—교회를 동원하여 비전을 성취할 수 있도록 도와줄 것이다.

지금 있는 곳에서 시작하라!

하나님께서 자기 백성을 불러 자기의 뜻을 대리하게 하시는 첫 번째 장소는 바로 지금 있는 곳이다. 지역 교회가 종종 잊어버리기 쉬운 것은, 변혁적인 활동을 가장 잘할 수 있도록 대기하고 있는 교회 성도들—그들의 개인 삶에 의한 증거!—을 세우는 사명이다. 각 성도들이 섬김의 봉사를 할 수 있게 세우는 것, 즉 "성도를 … 봉사의 일을 하게 하"는 것이[7] 지도자들의 임무이다. 우리는 그리스도를 따르는 자들로서, 우리가 대부분의 시간—여분으로 따로 드리는 시간이 아닌—을 보내는 섬김의 현장에서 하나님께 순종해야 한다. 이 현장은 가정, 공장, 인쇄소, 사무실, 병원 혹은 국회일 수도 있다. 모든 그리스도인은 하나님의 대사로서, 가장 강하게 영향을 줄 수 있는 곳에서 하나님의 목적을 대표한다.

히브리서 10장에서 동일한 주장을 확인할 수 있다. "서로 돌아보아 사랑과 선행을 격려하며 모이기를 폐하는 어떤 사람들의 습관과 같이 하지 말고 오직 권하여 그날이 가까움을 볼수록 더욱 그리하자."[8] 이상의 구절들은 서로 연관되어 있다. 교인들은 가르침을 받기 위해 모이고, 긍휼의 섬김을 위해 서로 격려하고, 배운 대로 실천하기 위해 흩어진다. 우리가 서로 격려하고 가르치고 서로 보고하는 책임을 짐으로써 하나님을 더 잘 섬기게 된다는 것을 하나님께서도 알고 계신다.

설교 및 가르침과 개인적 적용

전인적 섬김을 위해 먼저 전 교회를 동원하는 것이 기본적이다. 이는 설교나 강의를 통해 배운 성도들이 그들이 있는 현장에서 적용할 수 있게 해 주는 것이다. 매번 강의나 소그룹 모임이나 설교가 끝날 때쯤, 지도자들은 다음과 같이 할 수 있다.

- 실제적이고 구체적이고 즉각적으로 적용하도록 권면하라.
- 한 가지 적용을 선택하도록 권하라.
- 각자의 적용을 위해 서로 기도하게 하라.
- 다음 모임이나 예배 시에 적용했던 것을 보고하거나 간증해 보도록 하라.

1. 실제적이고 구체적이면서도 즉각적으로 적용하도록 권면하라. 보통 너무 막연하게 적용을 권면하면 듣는 사람들은 잊어버리거나 관심을 보이지 않거나 해 보려는 시도도 하지 않게 된다. 그 대신 청중들이 실제적이고 구체적이고 즉각적으로 적용할 수 있는 것에 대해 생각해 보도록 권면한다. 만약 목회자나 지도자들이 배운 교훈을 어떻게 적용했는지를 먼저 나눈다면 사람들에게 도움이 될 것이다.

- 적용은 반드시 실제적이어야 한다.
- 적용은 반드시 구체적이어야 한다. "무슨 일을, 언제, 누구를 대상으로 할 것인가?"
- 적용은 즉각적으로 하는 것이 최선이다. 가능한 다음 모임

이나 예배 전까지 마친다.

- 적용을 하기 위해 식사 한 끼를 거르거나, 혹은 여가나 잠을 줄여야 할지도 모른다. 하지만 다른 우선적으로 해야 할 것들, 가정이나 직장이나 교회 일을 양보해선 안 된다.

2. 한 가지 적용을 선택하도록 권면하라. 목회자와 소그룹 리더들은 매 회 설교나 강의 후에 청중들로 하여금 한 가지 개인적 적용을 하도록 촉구하라. 뭔가를 배우고 아무것도 하지 않는 습관을 피하도록 상기시켜라. 기도하면서 하나님의 인도하심을 구하게 하라. 따라서 사람들이 여러 가지 적용거리를 생각해 보고 하나님께서 선택을 인도해 주시도록 하라.

3. 각자의 적용을 위해 서로 기도하게 하라. 모임이 끝날 때에, 목회자나 그룹 리더가 참석자들로 하여금 한 가지 적용을 택하게 하고 서로를 위해 기도하게 하라. 소그룹 모임에서는 하기가 좀 더 쉽겠지만, 대예배 후에나 혹은 적용해 보려는 사람들끼리 할 수도 있다. 서로간에 언제 어떻게 할 것인지 의견을 교환하면 적용 내용도 분명해지고 결심도 더 굳힐 수 있다. 또한 다른 사람이 계획을 알고 기도해 주면 실천할 동기도 더 많이 부여된다.

4. 적용한 것을 다음 모임이나 예배 시간에 보고하거나 간증해 보도록 한다. 목회자나 리더들은 사람들이 간증하고 보고하게 함으로써 보고 책임 의식을 고취시켜 준다. 그룹 모임에서는 모임 시작 시 바로 참석자 전원이 보고할 수 있다. 교회 예배 시간에

는 한 사람이 하든지, 혹은 여러 그룹별로 간증할 수 있다. 이렇게 하면 적용했다는 것을 알게 되고, 실천의 중요성을 강조하게 되고, 서로를 위해 격려하고 기도해야 한다는 것을 재인식시켜 주게 된다.

어떤 건물이라도 기초가 튼튼해야 안전하게, 그리고 넓고 크게 지을 수 있다. 이와 같이 그리스도를 따르는 자들은 그리스도의 통치가 그들의 사회 가운데 강력하게 확장되도록 하기 위해 견고한 기초를 갖고 있어야 한다. 이 기초는 바른 신학 이상의 것으로, 하나님의 성품을 매일의 삶 가운데 드러내는 것이다. 성도들이 교회에서 훈련받고 지역 사회에 영향을 주려면, 삶 가운데서 그리스도의 성품을 드러내야 한다. 사도 바울은 우리가 거룩하고, 순결하고, 조용하고, 규모 있는 삶을 영위하며[9], 진실하고, 성령 충만하고, 찬양과 감사의 생활을 하라고 권면한다.[10] 각자의 삶 속에서 하나님의 성품을 좇지 않는다면, 우리가 하나님의 계획에 대해 다른 사람에게 할 말이 없을 것이다. 내가 믿기로는, 조용하고, 희생적이고, 거룩하게 하나님 사랑을 입증하는 것이 조직적인 교회 활동보다도 훨씬 더 크게 하나님 나라의 영향력을 끼칠 것이다.

각 가정에는 배운 것을 함께 적용해 보도록 권할 수 있다. 가정들은 지역 사회 내의 많은 기관들, 즉 학교, 회사, 농장, 이웃, 아파트, 각종 사회시설 등과 자연스럽게 접촉할 수 있다. 하나님은 이 모든 기관 내에 하나님 뜻이 이뤄지길 원하신다. 가정들은 지역 사회를 바라보는 안목을 갖도록 훈련받아 주위의 필요를 채워 주는 일을 할 수 있다. 더욱이 지역 교회는 여러 가정들이 함께 일해 보도록 도와줄 수 있다. 교회가 가정들을 동원하면, 현재의 필요를 채워 줄 수 있을 뿐만 아니라, 미래의 세대들을 세울 수 있는 기회도 된다. 어려서부터 남을 섬기는 훈련을 받은 아이들은 시간이 가면 동일한 비전과 목적과 섬기는 마음을 가진 성년이 될 것이다.

설 교

만약 하나님의 원대한 비전이 목회자를 사로잡는다면, 이 열정을 교회 전체의 청중들에게 전하려 할 것이고 청중들도 동일한 비전을 갖게 될 것이다. 설교는 분명히 하나님의 전(全) 계획을 전달하는 데 중요한 통로이다. 성경을 설교할 때마다, 목회자는 스스로 "이 구절이 가진 의미를 전인적 섬김의 사역에 어떻게 연결시킬까?"를 질문해 봐야 할 것이다. 만약 당신이 목회자라면, 당신에게 이미 친숙한 구절들을 설교하거나 가르치려 할 때, 하나님께서 당신의 눈을 열어 교회를 향한 하나님의 완전한 의도(뜻)가 무엇인지 보여 달라고 기도해 보기 바란다. 비전을 전할 때 성경에 근거한 것이라면, 교인들은 이것이 단지 새롭고 멋진 아이디어 이상의 것임을 알게 된다. 교인들은 하나님 말씀을 통해 그것이 그분의 교회—바로 그들의 교회—를 향한 하나님의 의도라는 것을 들어야만 한다. 설교를 통해 성도들은 역사적으로 볼 때 하나님께서 전 세계에 있는 교회를 사용하셔서 그 시대의 사회를 변혁시켜 오셨다는 것을 알게 된다.

설교할 때 가르친 대로 실천하는 사람들의 삶을 예로 들어야 한다. 목회자들이 이웃과 지역 사회와 국가에 대한 하나님의 크신 계획과 관계된 일에 참여하고 있는가? 교인들이 이 사실을 알고 있는가? 예수님은 제자들의 발을 씻기시면서 모본을 보여 주셨다. 나는 강의할 때 과거의 예들과 전 세계 각처에서 일어나는 사례들을 인용하지만, 내 자신을 통해 하나님이 지난 주간이나 혹은 바로 어제 무슨 일을 하셨는지를 얘기할 때 청중들은 가장 잘 감동한다.

나는 종종 목회자들에게 권하기를, 그들의 교인들에게 지난 주간의 설교 주제가 무엇인지 써 보게 해 보라고 말한다. 그리고 2주 전, 3주 전 및 4주 전으로 점차 써 보게 하라고 한다. 내가 생각하기에 성도들이 시간이 지나기가 무섭게 곧 잊어버린다는 것을 목회자들이 알고는 실망할 것이다.

그러나 설교는 기억될 수 있다. 만약 사전에 적절히 준비만 한다면 말이다. 이를 위한 몇 가지 제안을 하고자 한다.

- 설교는 듣기만 하는 것이 아니라 기억되도록 구성해야(Designed) 한다.
- 설교의 마지막 부분에, 성도들 각자가 한 가지 적용을 해 보도록 권면한다. 적용은 실제적, 구체적, 즉각적으로 하도록 한다. 만약 설교의 적용이 구체적이지 않으면, 사람들은 감동을 안은 채, '그래 앞으로는 말씀대로 더 잘 살아야지!' 라고만 할 것이다. 이 결심은 다음 주간이 되기도 전에 사라지거나, 예배 후에 다른 성도들과 얘기를 나누기 시작하는 순간 사라진다.
- 설교를 성령께서 사용하셔야 의미 있는 결과가 나오게 될 것이다. 설교를 준비하고 전할 때 성령의 인도하심을 민감

하게 따라야 한다.

소그룹

소그룹 모임이 실제적이고 구체적이고 즉각적인 적용을 하도록 권면하기에 가장 최적일 것이다. 아래에 소그룹 모임을 통해 전인적 비전을 갖게 하는 데 도움이 될 몇 가지 핵심적 원리를 소개한다.

- 교회 내 기존 소그룹 모임을 통해 성도들이 전인 사역을 할 수 있도록 훈련할 수 있다. 주일학교, 성경공부 모임, 기도회, 구역 예배, 셀 모임 등이 해당된다.
- 소그룹 리더들을 훈련하여 모임을 인도할 때마다 전인적 내용을 전하게 한다. 그룹 참석자들이 스스로 배우는 내용을 찾게 하고 그들의 생활에 적용하게 하는 방향으로 모임을 인도하도록 리더들을 훈련시킨다.
- 소그룹 모임을 통해 개인적 적용을 강화시킨다. 매번 모임이 끝날 때쯤, 교인들은 서로 그 주간에 어떻게 적용할지를 나누고 서로 기도한다. 다음 모임의 시작 시간에 몇 분간 적용했던 것을 서로 나눈다.
- 소그룹 참석자들이 주위 지역 사회와 문화를 변혁시킬 잠재력과 책임이 있음을 알게 되면 주위에 하나님 사랑을 드러내 보일 수 있는 방법을 찾고 계획할 수 있게 된다. 그렇게 되면 소그룹들은 작은 규모의 전인 사역 프로젝트를 함께 수행할 수 있다. 지역 사회를 섬기는 일에 전통적인 방

법으로 교회 전체가 나서서 하기보다는 소그룹이나 셀그룹이 하도록 훈련시키기가 더 쉽다. 소그룹이 그룹별로 섬기게 하는 데에 적절한 통로이다.

- 어떤 종류의 소그룹이든지 전인 사역을 할 수 있다. 여기서는 두 종류의 소그룹, 즉 가정 그룹과 유사 직종 그룹을 들 수 있다. 가정 그룹은 가정들이 정기적으로 모여서 기도하고 찬양하고 각자 적용한 것을 격려하며 함께 섬기는 일을 계획하고 시행한다. 유사 직종 그룹은 유사한 직업에 종사하는 사람들끼리 모인다. 의료인, 실업인, 교사, 젊은 주부, 사진 동호인 그룹 등이 해당된다. 이들은 전문화된 영역에서 하나님의 뜻을 드러내며 영향을 끼친다. 예를 들면, 실업인 모임에서는 사업상 뇌물 문제를 다루거나 저임금 근로자의 가족 지원에 대해 의논할 수 있다.

교회나 소그룹이 이웃으로 눈을 돌려, 노인 가정을 찾아가서 청소, 빨래, 도배, 음식 대접이나 병간호 등을 할 수 있다. 아니면 외로운 노인의 말벗이 되어 줄 수도 있다. 가족이 없는 노인들을 위해 교인 가정이 혹은 몇몇 가정들로 이뤄진 소그룹이 그들을 한 사람씩 정해서 지속적으로 돌볼 수 있다.

회 중

지역 교회가 지역 사회의 필요를 돕는 일에 성도들을 동원하는 여러 가지 방법들이 있다. 이때 하베스트 선교회가 개발한 도구들(12장에서 다룸)을 활용할 수 있다. 회중들을 권면하여 지역사회를 섬기는 일에만 아니라 시민활동에도 참여하도록 하여, 성경에 나타난 대로 정의와 공의와 하나님의 뜻을 대리하도록 할 수 있다. 교회는 이러한 일들을 하나님을 영화롭게 하는 방법으로 행해야 한다. 미가 선지자가 좋은 모범을 제시한다. "여호와께서 네게 구하시는 것이 오직 공의를 행하며 인자를 사랑하며 겸손히 네 하나님과 함께 행하는 것이 아니냐."[11] 여기 회중의 시민 참여 활동을 위한 몇 가지를 제안한다.

- 교회가 다루어야 할 사회적 혹은 정치적 사안이 있으면, 교회 지도자는 강단에서 그 건에 대해 언급하고, 관심자 그룹을 만들어 관련 모임에 참석하여 해당 사안에 대한 교회의 의견을 표명할 수 있을 것이다.
- 다른 교회와 연합하거나 기존의 지역 사회 네트워크에 참석하여 중요한 사회적 문제에 대해 의견을 표명할 수 있다.
- 지역 교회는 사회적 관심을 교회 기도 제목의 하나로 포함하여, 예배나 기도 게시판이나 소그룹을 통해 알릴 수 있다.
- 교인들에게 사회적 문제들을 알리고 성경에서 어떻게 취급하고 있는지 찾아보도록 권면한다. 성경에는 여러 가지 관점들이 있을 수도 있음을 알려 준다. 그리고 서로 의견을 교환하게 하고 사회 문제에 하나님 나라 원리로 어떻게 대처할지를 훈련시킨다.
- 교회는 사회 문제에 참여하는 교인들을 위해, 그들을 위해 기도하고 그들의 활동을 계속 보고받을 수 있는 보고 책임

그룹을 만들어 주는 것이 바람직하다.

- 교인들은 젊은이들에게 공무원이 되어 사회적/정치적 영역에서 하나님 나라의 대리인이 되도록 권면할 수 있다.

'풀뿌리' 차원의 노력과 시민 사회 참여

때때로 교회에서 한 개인이 전인 사역이나 사회 참여에 특별한 비전을 가지고 먼저 일을 시작하기도 한다. 개인적으로 시작했다가 교회 내 다른 사람들에게 알려지게 되고, 더 많은 사람들이 참여하게 된다. 결국 교회 지도자들을 위시하여 교회 전체가 수용하여 실행하는 사역이 되기도 한다.

교회는 또한 성도 개개인이 개인적으로 시민 활동에 참여하도록 격려해야 한다. 개인별로 시민 활동에 참여하는 방법을 나열해 보자.

- 각 개인들이 반상회, 지역 사회 회의, 시의회, 학교 회의 등에 참석한다.
- 각 개인들은 중요한 사안에 대해 의견을 피력하기 위해, 공공토론에 참석하거나, 출판물 편집자나 선출된 자치단체 대표들에게 편지를 보낸다.
- 각 개인들이 지방자치 지도자들을 방문하여 그들의 수고에 감사를 표하고, 교회가 어떻게 도울 수 있는지 문의하고, 그들이 직면한 주요 문제들의 목록을 요청하여 어떻게 기도하면 되는지 물어본다. 그리고 방문 시간 동안 그들이 원한다면 기도해 준다. 끝으로 지도자들의 관심사를 위해 후

원하고 기도하기 위해 교회로 돌아와 보고한다.

- 각 개인들은 지방 선거와 전국 선거에 참여해 투표권을 행사한다.
- 각 개인들은 지방자치제 선거에 출마하거나 공공 자원봉사에 나선다.
- 끝으로, 성도들의 삶에 영향을 주는 특정 사안에 대해 성경적인 방법으로 공적 발언할 기회를 찾는다.

제자 훈련

성도들이 세상에서 하나님의 계획을 이룰 수 있는 대리자로서의 자격을 저절로 갖게 되는 것은 아니다. 바울은 하나님의 계획을 대리할 목적을 가진 그리스도인들을 '대사'라고 불렀다.[12] 성도들은 하나님의 뜻을 이루기 위한 능력 있는 대사가 되기 위해 반드시 세움을 입어야 한다. 교회의 제자훈련 팀은 교인들에게 먼저 기본적인 신앙에 대해 가르친다. 또한 배운 것을 의도적으로 실천에 옮기도록 권면하고, 그리스도의 명령에 순종하여, 그들이 가진 영향력의 범위 내에서 하나님의 목적을 이루어 가도록 격려해야 한다.

이런 종류의 제자훈련은 개인적으로 혹은 소그룹을 통해 가장 잘 이뤄진다. 제자훈련은 교회가 의도적으로 도입해야 한다. 이렇게 훈련된 제자들은 하나님의 원대한 계획을 알고 경험하게 되며, 다른 사람을 훈련하게 된다. 또한 이들은 더 성숙하고 경험 있고 지식을 가진 성도들로부터 계속 배우게 될 것이다. 성도들을 하나님 나라의 대사로 세우는 제자훈련은 다음 세 가지 주요 특징을 전수해 주어야 한다.

- 열정적 비전(Passionate Vision)
- 전략적 의도(Strategic Intention)
- 상황화(Contextualization)

1. 제자를 하나님 나라의 대사로 만드는 '대사화' (Ambassadorizing) 과정의 첫 번째 과제는, '만물' 의 회복에 대한 하나님의 의도(뜻)에 대한 비전을 갖게 하는 것이다.[13] 여기에는 다음의 것들이 포함된다.

- 하나님의 광대한 목적, 특히 모든 민족을 제자화하는 일
- 개인의 순종과 그 개인의 국가를 제자화하는 일, 두 가지의 연관성
- 무엇보다도 개인의 삶을 하나님의 원대한 목적을 위해 드릴 수 있는 놀라운 특권
- 이러한 비전을 좇는 열정

2. 두 번째 과제는, 하나님의 대사인 제자가 의도적이고 전략적으로 활동하도록 훈련시켜야 한다. 제자는 반드시 의도적(Intentional)이며 전략적(Strategic)이 되도록 세워져야 한다.

- 대사는 일반 시민 이상이다. 대사는 자신이 대표하는 국가 정부의 훈령을 관철하기 위해 의도적으로 활동한다. 이와 같이, 그리스도인은 우리의 과업, 즉 가서 전도하고 제자

삼고 가르쳐 지키게[14] 하는 일을 의도적으로 해야 한다.

- 우리는 의도적일 뿐만 아니라, 전략적이어야 한다. 날마다 하나님의 뜻을 이루기 위한 수많은 기회들—우리의 능력 범위를 넘어서 할 수도 있는—이 있다. 이런 기회들을 전략적으로 선택해야 한다. 어떤 일들은 당장 결과가 나올 수도 있겠지만, 전략적으로 선택한 기회가 최선의 결과를 가져다준다. 우리는 하나님의 뜻을 진전시킬 수 있는 최대의 가능성을 지닌 기회를 살펴서 나타나면 붙잡아야 한다.

3. 세 번째 과제는, 제자가 상황화할 수 있도록 훈련시켜야 한다. 제자는, 복음이 가진 내용 그대로 상대방에게 이해되고 받아들여질 수 있도록, 주어진 기회를 최대한 활용하여 하나님의 뜻을 제시하는 방법을 알아야 한다. 상황화는 어떤 것을 상황에 맞도록 적응시키고 구체화시키는 것이다. 예를 들면, 영이신 하나님은 예수님을 인간의 형체로 보내심으로 인류를 향한 자신의 사랑의 메시지를 상황화시키셨다. 예수님께서 자신의 메시지를 상황화하신 한 가지 방법은, 당시 농경사회에서 살던 사람들에게 농사 이야기를 통해 진리를 가르치셨다.

핍박받는 교회에 대한 제안

하베스트 선교회가 사역하는 곳들 중 많은 지역이 비기독교적 환경이어서, 반기독교 정부나 세속화된 사회에 의해 그리스도인들의 시민 참여가 제한되어 있다. 그러나 교회는 여전히 이런 사회 속에서도 하나님의 의도를 대변해야 한다. 한 가지 방법은 개인적 섬김이고, 또 하나는 설득(Persuation)이다.

설득은 하나님께서 우리와 관계를 맺으시는 방법이다. 하나님은 우리가 바른 일을 하도록 강요하시지 않는다. 오히려 여러 대안과 그 대안의 결과들을 제시하시고, 우리가 결정하게 하신다. 설득의 몇 가지 원리들을 살펴보자.

- 그리스도인들은 목소리를 내야 한다—침묵해선 안 된다.
- 그리스도인들은 오직 성경적 확신만을 주요 주장의 근거로 삼아서는 안 된다.
- 그 대신 그리스도인들은 참여하려는 문제에 대해 연구하여 성경적 입장에 맞는 적합한 안을 마련해야 한다.
- 그리스도인들은 비기독교 지역 사회로 하여금 하나님의 방법이 더 낫다는 것을 알 수 있도록 노력해야 한다.
- 마지막으로, 그리스도인들은 그들 자신의 삶의 모습이 성경적 기준과 일치하고 있음을 확신해야 한다.[15)]

교회는 반드시 일반 대중들이 하나님의 뜻이 다른 어떤 대안들보다도 더 많은 유익을 준다는 것을 알도록 해야 한다. 교회가 만약 일반 시민 생활을 포함하여 삶의 모든 영역에 대한 하나님의 의도를 가르치고 홍보하지 않는다면 지역 사회와 나라를 제자화할 수가 없다.

어떤 정부는 교회의 사회 참여를 허용하지 않는다. 그들은 교회가 '영적' 영역에서만 활동하도록 해서 개종자들을 '사는'(Buying) 것을 막으려 한다. 실제 이유는 교회가 사람들의 신체적이고 사회적 필요를 채워 주는 일에 참여하면 영향력이 확대될까 염려하기 때문이다. 반기독교 정부는 교회가 그런 활동을 통해 어떤 힘을 쌓을까 봐 두려워한다.

하지만 그런 정부도 개개인 그리스도인이 하나님 사랑을 타인에게 표현하는 것을 막지는 못한다. 성경이 이를 잘 말해 준다. "오직 성령의 열매는 사랑과 희락과 화평과 오래 참음과 자비와 양선과 충성과 온유와 절제니 이같은 것을 금지할 법이 없느니라."[16)]

나는 개인적으로 하나님 사랑을 드러내는 것이, 조직적 활동보다 하나님 나라 확장에 더 강력한 영향을 준다는 것을 보아 왔다. 교회의 조직적 외부 활동을 금지하는 정부 덕분에 오히려 그룹 활동에 쓰이게 될 에너지와 자원이 다른 방향으로 활용될 수 있도록 해 준다. 개별적으로 조용하지만 희생적으로 하나님 사랑을 표현하는 일—특히 교인들이 자연스럽게 관계를 맺고 있는 사람들에게—은 언제든지 가능하다. 이런 영향력은 매우 강력하다!

교회의 파송과 위임

보통 우리는 '비교인을 교인으로 만드는 것'(Churching the Unchurched)이 불신자를 교회로 인도하는 것이라고 생각한다. 하지만 불신자에게 다가가는 가장 효과적인 방법은 교인을 세상 가운데 파송하는 것이다. 우리는 '교인을 비교인으로'(Unchurch the Churched) 만들 필요가 있다(여기서 '비교인'이란 '불신자'란 의미는 아니다-역주). 그래서 교회와 갈라져 있는 지역 사회와의 사이에 놓인 다리를 건너가게 해야 한다. 불신자들이 교회에 나오기 전에 먼저 하나님이 그들을 사랑하신다는 사실을 알도록 해야 한다.

아래에 나오는 성경 구절은 전통적으로 타문화권 선교에 인용해 왔던 것이다. 하지만 이 구절은 지역 교회에도 그대로 해당되는 것이어서, 교회는 교인들이 말과 삶으로 예수의 주 되심을 '전파' 하도록 지역 사회 가운데 파송해야 한다.

> "그런즉 저희가 믿지 아니하는 이를 어찌 부르리요 듣지도 못한 이를 어찌 믿으리요 전파하는 자가 없이 어찌 들으리요 보내심을 받지 아니하였으면 어찌 전파하리요 기록된바 아름답도다 좋은 소식을 전하는 자들의 발이여 함과 같으니라"[17]

대부분 목회자들은 교인들이 교회로 '보내어지기를' 원한다. 나는 여기서 이렇게 제안하고 싶다. 교회가 설교하고 비전을 나누고 훈련하고 멘토링하고 적용과 실천을 권면할 뿐만 아니라, 세워진 교인들을 정식으로 위임하여 세상으로 '보내기를' 바란다. 우리는 보통 교회에서 신앙적 변화들을 기억하기 위해 여러 가지 기념행사를 한다. 새신자는 세례를 받고, 새 교인에 대해서는 환영식을 한다. 신생아는 유아 세례를 베풀고, 목사는 안수받을 때 안수식을 한다. 지상에서의 삶은 여러 가지 기념행사로 점철되어 있다. 그럼에도 한 가지 사건은 간과하기 쉬운데, 아마 이것은 그리스도의 제자들의 신앙 여정에서 가장 중요한 이정표가 될지도 모른다. 즉 그리스도와 그분의 교회가 제자들—즉, 교인들—을 세상으로 보내어 그들이 어디에 있든지 간에 그리스도의 대사요 증인으로서 파송했다는 사실을 제자들과 회중 전체가 인식할 때이다. 이것은 인류가 하나님으로부터 받을 수 있는 가장 장엄한 위임이 아닌가! 왜 이런 일을 의도적으로 공식 위임식을 열어 축하하지 않을 수 있겠는가! 교인이 되면 교인증명서를 떼어 줄 수 있고, 결혼식에서는 반지를 교환하듯이, '보내심을 받는' 제자들에게는 섬김의 도의 상징인 수건을 한 장씩 줄 수도 있을 것이다. 아니면 세족식을 열 수도 있을 것이다. 어떤 모양이든지 나는 목회자와 교회 지도자들이 그들의 교인들을 그리스도 왕국의 대사로 '파송하는 것' 을 공식적으로 인정하는 행사를 열어 보기를 바란다.

결론

결론적으로 나는 교회들이 전인적 사역을 가볍게 생각하여 선택적인 것으로 여기지 않기를 바란다. 전인적 복음은 지역 교회의 근본적 정체성의 일부, 혹은 DNA가 될 때, 최대의 효과가 있을 것이다. 이것은 하나님께서 그분의 교회에 대한 부르심의 핵심적 부분으로서, 예수님이 시장이신 것처럼 지역 사회를 섬김으로써 지역 사회 가운데 그리스도를 증거하는 것이다.

전인적 비전은 반드시 지도자들이 인식하고, 교회에 전파하여, 지역 사회에서 실행해야 한다. 교회는 개인들과 가정과 소그룹과 회중 전체를 통하여 교회 울타리를 넘어 바깥으로 나가 섬기도록 교인들을 세워 주어야 한다.

하나님은 그분의 백성들에게 역사 가운데서 가장 원대한 목적에 참여할 기회를 주셨다. 그분은 또한 우리를 청지기로 삼으셨다. 우리의 일시적 행동은 영원한 영향을 주게 된다. 하나님의 뜻을 따라 행하는 그 어떤 것도 중요치 않은 것은 없다. 가난한 과부가 바쳤던 두 렙돈이 지난 2천 년간 어마어마한 영향을 끼칠 줄은 아무도 상상하지 못했을 것이다. 우리—예수 그리스도의 교회—도 또한 현재 아무라도 예측할 수 없을 정도로 다음 세대에 미치게 될 영향을 줄 수 있다.

만약 우리가 우리의 삶과, 인류를 위한 하나님의 놀라운 의도—현재와 미래 모두—사이의 관계를 이해하기만 한다면, 우리의 생사를 걸 만한 다른 어떤 것이 없음을 깨닫게 될 것이다. 모든 지역 교회의 성도들은 하나님의 원대한 비전 가운데 있는 자신들의 역할을 계속 분명하게 확인해 가야 할 것이다.

제 11 장

하나님 나라의 수학

배가되는 섬김

지난 장에서는 전인적 증거를 위한 교회의 동원에 대해 살펴보았다. 이 장에서 우리는 섬김의 배가를 살펴보고자 한다. 배가되게 하시는 이는 하나님 자신이시다. 이것은 간단하지만 강력한 메시지이다. 나는 이 내용을 즐겨 가르치고 있다. 그 이유는 하나님께서 이 메시지를 사용하셔서 전 세계의 교회 지도자들, 특히 경제적으로 가난한 지역의 지도자들이, 예수님이 시장이시라면 하셨을 일들을 그들의 지역 사회에서 실천하게 하셨기 때문이다.

오늘날 제2/3세계의 수많은 교회들이 의존 심리(Mentality of Dependency)에 사로잡혀 있다. 하나님은 깨어진 세상을 치유하기 위해 하나님의 변혁하시는 능력을 교회를 통해 사용하기 원하신다. 하지만 교회가 하나님을 최우선적인 자원의 원천으로 신뢰하는 경우에만 그렇게 하실 것이다. 물론 하나님은 외부에서 들어온 자원도 사용하시지만, 교회는 먼저 하나님을 일차적 자원으로 알고 바라보아야 한다. 하나님 이외의 것을 우리가 바라본다면, 이것은 창조주 이외의 다른 것을 예배하는 것—의도하지 않았던 우상숭배—과 유사한 것이다.

DNA 컨퍼런스에서 우리는 하나님 나라의 수학을 강의할 때, 잘 아는 성경 이야기들을 택하여 수학 공식으로 바꾸곤 한다. 먼저 이사야 40장 29절인 "피곤한 자에게는 능력을 주시며 무능한 자에게는 힘을 더하시나니"를 인용한다. 그리고 참석자들 중 다섯 명에게 부탁해서 앞으로 나오게 한다. 각 사람에게 위의 구절에 있는 단어와 상징이 표시된 큰 종이 한 장씩 나눠 준다. 그런 다음 전체 참석자들에게 종이를 들고 있는 다섯 사람을 성경 구절에 나타나 있는 순서대로 세워 보라고 말한다. 맞혀야 하는 순서는 바로 다음과 같다.

우리의 약함	X	하나님	=	능력

하나님 나라의 메시지는 이 짧은 구절로 요약된다. 우리의 약함을 하나님께 드릴 때, 하나님께서 배가시키신다. 그분은 우리의 약함을 능력으로 바꾸시는 것이다.

이 성경 구절의 다음 절은 이렇게 말씀한다.

> "소년이라도 피곤하며 곤비하며 장정이라도 넘어지며 자빠지되 오직 여호와를 앙망하는 자는 새 힘을 얻으리니 독수리의 날

개치며 올라감 같을 것이요 달음박질하여도 곤비치 아니하겠고 걸어가도 피곤치 아니하리로다"[1)]

이것은 평범한 변혁이 아니다. 우리 스스로 할 수 있는 것도, 우리 안에서 나오는 어떤 것도 아니다. 이는 기적적인 일이다. 하나님께서 하시는 일이다. 하나님 나라의 수학은 무슨 철학처럼, "당신이 당신 자신을 믿고 긍정적 사고의 능력을 믿는다면, 당신의 환경을 바꿀 수 있습니다"라고 하는 게 아니다. 이 기적은 우리 자신이 약하다는 것을 인정하는 데서 시작한다. 소년이라도 지치고 청년이라도 넘어진다. 우리의 약함을 받아들일 준비가 되어 있을 때, 하나님께로 나아가 약함을 하나님 앞에 내어놓게 된다. 그때가 되어서야 하나님은 하나님 나라 수학의 기적을 일으키셔서 우리의 약함을 그분의 능력으로 전환시키시는 것이다.

컨퍼런스를 열 때마다, 나는 이야기꾼처럼 몇 가지 성경 내용을 풀어서 이야기식으로 묘사하길 좋아한다. 그런 다음 참석자들에게 소그룹을 만들어 들려 준 이야기를 토대로 수학 공식을 만들어 보라고 한다. 이렇게 공식을 만들어 전체가 함께 나누고 배운 진리를 정리하게 된다. 즉, 외부의 어느 누구나 어떤 자원에 대한 의존을 벗어나 오직 하나님만을 의지해야 한다는 진리이다.

성경적 공식

여기 내가 즐겨 쓰는 이야기가 있다.

옛날에 바락이라는 열 살 된 소년이 있었다. 하루는 이웃 아저씨로부터 어떤 유명한 선생님이 아침 일찍부터 호숫가에 사람들을 모아놓고 가르치고 있다는 얘기를 들었다. 바락은 얼른 집으로 갔다.

"엄마, 호숫가에 선생님을 보러 가도 돼요?"

"안 돼, 거긴 너무 멀어. 아빠도 집에 안 계신데, 너무 멀리 가면 걱정이 되어서 안 돼. 거긴 한 시간이나 가야 하잖아?"

"엄마, 제발. 걱정 말아요. 난 벌써 열 살이란 말예요."

"얘야, 지금 밥 먹을 시간이야. 너 배 안 고프니?"

"배 안 고파요. 제발 좀 보내 주세요."

"그래, 알았어. 대신 먹을 걸 좀 가져가렴."

그래서 엄마는 밥상 위에 있는 보자기를 가져다가 먹을 걸 싸기 시작했다. 아침에 만들어 둔 빵, 하나, 둘, 셋, 넷, 다섯 개와 시장에서 산 물고기 구운 것 두 마리를 집어서, 보자기에 놓고 잘 묶어서 바락에게 주었다. 바락은 엄마가 주신 도시락 보자기를 옆구리에 매고 문을 잽싸게 나섰다.

바락은 호숫가에 거의 다다랐다. 가서 보니 수많은 사람들이 어떤 선생님 주위에 둘러 있는데, 선생님이 하는 말은 들리지 않았다. 어른이라면 군중들의 가장자리에 점잖게 가서 앉겠지만, 열 살짜리 소년이 어디 그런가. 소년은 재빠르게 사람들 틈을 뚫고 맨 앞자리에 가서 앉았다.

바락은 그 선생님이 말하는 내용의 대부분은 알아들을 수 없었지만, 그분에게 마음이 무척 이끌렸다. 다른 설교자들처럼 이 분도 말씀을 오랫동안 전했다. 오후 4시쯤 되자 뱃속에서 꼬르륵 소리가 났다. 그때 엄마가 싸 주신 도시락 생각이 났다. 그렇지만 이렇게 사람이 많은데 어떻게 꺼내서 먹을 수 있을까 하고 생각했다. 소년은 "아무도 못보게 조심해서 먹어야지" 하면서, 옆구리에서 도시락 보자기를 꺼내 조심조심 풀기 시작했다. 배가 고픈지라 도시락은 정말 먹음직스러웠다. 빵 한 조각을 집어서 입에 넣으려는 찰나, 그 선생님의 제자들이 뭐라고 말하는 소리가 들렸다. 무슨 소린가 했더니, 제자들이라는 사람들이 그 선생님보고 저녁 때가 되었으니 사람들이 가까운 마을로 내려가서 음식을 사 먹도록 하자라는 말을 하고 있었다. 그러자 그 선생님이 하시는 말씀은, "사람들이 그리 멀리까지 갈 필요 없다. 너희들이 먹을 걸 주어라"는 것이었다.

제자 중 빌립이란 사람이 퉁명스럽게 말하길, 모든 사람이 빵 한 조각씩만 먹어도 무려 8개월치 봉급의 돈이 들 거라고 했다. 또 다른 제자인 안드레란 사람은 마침 바락 옆에 앉아 있었는데, 소년이 도시락을 푸는 걸 보았다. 안드레는 그 선생님—물론 예수님을 가리킨다—께 "예수님, 우리에게 있는 음식이랬자 애가 갖고 있는 이게 다인데요…"라면서 보자기 속을 들여다보더니, "음 … 보리떡 다섯 개하고 조그만 물고기 두 마리뿐인데요"라고 했다. 그러자 예수님은, "그걸 이리 갖고 오너라"고 하셨다.

이때 소년의 맘속에 이런 생각이 들지 않았을까.

"아이고, 배가 고파 죽겠는데, 내가 가진 건 이게 다인데…, 저 선생님께 갖다 드리면 난 뭘 먹지? 음…, 그래도 난 저 선생님이 좋으니까, 그냥 드리지 뭐."

이후의 내용은 모두가 잘 안다. 바락은 자기 도시락—가진 모든 것—을 안드레에게 주었고, 안드레는 예수님께 드렸다. 예수님은 그 조그만 도시락을 가지고 하나님께 감사를 드리시더니 한 조각씩 떼어 전체 무리에게 나눠 주기 시작했다.

그날 저녁 집에 돌아온 소년 바락과 엄마 사이에 어떤 대화가 오고갔을지 상상할 수 있을 것이다.

"엄마, 엄마, 오늘 무슨 일이 일어났는지 아세요? 그 선생님이 제 점심 도시락을 갖고 가셨어요."

"그래서?"

"그분이 제 도시락을 가져가시더니 한 조각씩 떼어서 거기 있는 모든 사람들을 다 먹게 하셨어요. 거기에는 대략 수천 명이 있었거든요. 그렇게 다 먹었는데도, 열두 광주리나 남았지 뭐예요."

"얘야, 바락아. 내가 너더러 너무 불려서 얘기하지 말라고 얼마나 일렀니?"라고 엄마가 말했을지도 모른다. 물론 바락은 과장해서 말한 것은 결코 아니었다.

그런 다음, 나는 참석자들에게 묻는다. "여러분이 만약 그 어린 소년이었다면 어떻게 느꼈겠습니까? 여러분이 허리춤에 도시락을 매고 있는데, 예수님이 그걸 달라 하시면 어떻게 하셨겠습니까?" 분명히 예수님은 다른 방법으로도 군중들을 먹이실 수 있으셨다. 그분은 소경을 뜨게 하시고, 폭풍도 잠잠케 하셨고, 물 위로 걸어가셨지 않은가. 돌을 떡으로도 바꾸실 수 있으셨다. 그렇지만 그렇게 하지 않으셨다. 대신 그분은 어린 소년에게 그가 가진 모든 것을 내어놓으라고 하신 것이다.2)

이 이야기를 들려준 다음, 참석자들에게 이것을 수학 공식으로 만들어 보게 한다. 소그룹으로 나누고 각 그룹에게 단어가 적힌 한 묶음의 종이쪽지를 나눠 주어 이야기의 순서를 따라 맞혀 보도록 한다. 이것을 아래와 같이 만들어 볼 수 있을 것이다.

소년
+ 보리떡 다섯 개와 물고기 두 마리
X 예수님

= 5천 명 분 음식
+ 여인과 어린이들
+ 열두 광주리

만약 거기에 적어도 1천 명의 여인과 어린이들이 있었다고 가정한다면, 이것은 6천 배의 배가가 일어난 셈이다.

이 이야기와 또 다른 유사한 이야기에 나타난 하나님의 배가 역사를 하나님 나라 수학 공식으로 요약하면 다음과 같이 표현할 수 있다.

하나님 나라 수학 공식

모든 사람(가난한 사람도 포함)
+ 믿음
+ 희생적인 드림
x 하나님

= 엄청난 배가
+ 타인에게 축복
+ 하나님이 찬양받으심
+ 개인의 축복(때때로)

이 이야기가 주는 교훈은 예수님의 삶과 일치한다. 예수님은 세상의 물질은 거의 갖고 있지 않으셨다. 그분은, "여우도 굴이 있고 공중의 새도 거처가 있으되 오직 인자는 머리 둘 곳이 없다"[3]고 하셨다. 하지만 그분은 그 어느 누가 드린 것보다 더 위대한 희생을 치르셨으니, 곧 자신의 생명을 주셨다.

또 다른 이야기가 있는데, 이 이야기는 불행하게 끝난 예이다. 이것은 예수님께서 하나님 나라를 비유로 말씀하실 때 하신 것이다.

어떤 부자가 먼 여행길을 떠나려고 하는데, 먼저 그의 하인들을 불러 어떤 지시를 내렸다. 그에게는 세 명의 하인이 있었는데, 각자에게 자기의 소유를 맡기면서, 그것을 투자하여 자기가 돌아올 때까지 이윤을 남기라고 하였다. 하인들의 재능에 따라,

각각 다섯 달란트와 두 달란트와 한 달란트를 주었다. 그리고 그는 먼 길을 떠났다.

부자는 여행에서 돌아오자마자 하인들을 다시 불렀다. 여기서 이뤄진 대화는 아마 다음과 같았을 것이다.

"자, 시몬아 넌 어떻게 했느냐?"

"주인님, 장사가 아주 잘되었습니다. 그래서 제게 주신 달란트의 두 배를 남겼지요. 여기 떠나실 때 주신 다섯 달란트를 포함해서 모두 열 달란트가 있습니다."

"정말 잘했구나, 시몬아. 일을 잘했으니까 네게 더 많은 책임을 맡기마. 그리고 이제 너를 우리집 식구들 중의 하나로 여겨주마."

그리고 주인은 다른 하인을 불렀다.

"여호수아야, 넌 내가 없는 동안에 어떻게 했느냐?"

"주인님, 장사가 잘되었습니다. 저는 떠날 때 주신 달란트를 투자해서 두 배를 남겼습니다. 여기 제게 주신 두 달란트를 포함해서 네 달란트가 있습니다."

"잘했다, 여호수아야. 네가 자랑스럽구나. 내가 준 걸 가지고 아주 잘했어. 너 역시 우리집 식구 중 하나로 인정하마."

주인은 또다른 하인을 부른다.

"아나니아, 이리 오너라. 너는 내가 맡긴 달란트를 갖고 무얼 하였느냐?"

당신은 이 하인이 주인을 보면서 무슨 말을 하려고 했는지 잘 알 것이다. 이 하인은 주인과 두 하인이 보는 앞에서 아주 불편했을 것이다.

"주인님, 당신은 제게 한 달란트밖에 안 주셨습니다. 겨우 한 달란트 말입니다."

아나니아는 곁의 두 동료 하인을 질투의 눈길로 바라봤을 것이다. 그리고 떨리는 목소리고 말한다.

"주인님도 아시다시피, 주인님은 엄격한 사업가로 정평이 나 있습니다. 제가 그걸 알기 때문에 기회가 있어도 뭔가 하기가 두려웠어요. 그래서 아무것도 하지 않았습니다. 대신 제게 주신 달란트를 안전하게 지키려고 땅에 파묻고 보존했었죠. 잃어버리진 않았구요. 여기 제게 주신 그대로를 겸손하게 돌려드립니다요."

아나니아가 말하는 동안, 주인의 얼굴색은 변해 갔다. 주인은 이제 그 하인의 이름조차 부르지 않았다.

"너, 이 악하고 게으른 종아! 내가 엄격한 사업가인데다 내 소유에서 이윤이 남도록 기대하는 줄 네가 알았다면, 어째서 은행에다 맡겨서 이자라도 받게 해 두지 않았단 말이냐? … 이봐, 경비원. 이자가 가진 달란트를 뺏어서 시몬에게 주거라. 이자를 당장 끌어내서 바깥 캄캄한 곳에 내보내 버려라. 거기서 슬퍼하면서 후회하게 놔두어라."[4)]

얼마나 비정한 조치인가! 이분이 정녕 우리가 알고 있는 하나님이실까? 하나님은 가난한 자를 긍휼히 여기시는데, 이 세 번째 하인은 분명히 가장 가난한 자일 것이다. 그런 사람에게 자비를 베푸시지 않는다는 말인가? 그 겁에 질린 하인은 가진 것을 잃어버렸을 뿐만 아니라, 주인의 왕국 바깥으로 추방까지 당한 것이다!

우리 컨퍼런스에서는 소그룹들이 이 이야기에 대한 공식을 다음과 같이 만들어 보았다.

> 하인
> \+ 한 달란트
> X 0
> ―――――――――
> = 0
> \+ 어둠 속에 내쫓긴 하인

하나님 나라에 주는 의미

이상의 이야기들은 모든 그리스도인들에게 중요한 의미를 부여하고 있는데, 특히 가진 게 별로 없어서 자신을 위해 쓸 것밖에 없다고 믿는 사람들에게 더욱 그렇다. 이런 이야기들과 하나님 나라 수학 공식이 주는 교훈들을 정리해 보자.

- 모든 사람은, 그들이 얼마만큼 자원을 가졌거나 어떤 지위에 있든지 간에, 하나님께서 그들이 가진 것을 하나님께 드리라는 부르심을 받는다. 여기에는 가난한 자라도 예외가 없다.
- 하나님께서 사용하시는 데에는 우리가 가진 것이 '너무 적다' 거나 '너무 보잘것없다' 라고 할 수 없다.
- 우리의 환경이 어떠하든지, 하나님께서 원하시면 가진 것을 드려야 한다.
- 하나님에 대한 믿음과 하나님을 향한 사랑의 동기로서 드

려야 한다. 물질적 보상을 바라고 드려선 안 된다. 하나님께서 보상해 주실 수도 있지만, 드리는 것은 어떤 대가를 바라고 드리면 안 된다.

- 희생적인 드림은 배가를 낳는다. 하나님께서는 우리가 그분께 드리는 것을 항상 배가시키신다.
- 희생이 클수록, 결과도 크다.
- 마지막으로, 이것이 아마 가장 힘든 교훈이 될 것이다. 만약 우리가 하나님께서 맡기신 것을 투자하지 않는다면, 우리는 그것을 잃어버릴 뿐만 아니라, 하나님의 집 바깥 어두운 데로 쫓겨날 위험에 처할 것이다.

하나님 나라 수학의 원리를 생각할 때, 사랑의 하나님께서 어떻게 그토록 큰 희생을 요구하실 수 있나 하고 의아해 할 수 있다. 하지만 우리는 한 사람이 사랑과 순종의 희생을 드렸을 때 하나님 나라의 능력이 발휘되는 것을 보았다. 하나님은 우리가 그분과 같아지기를 원하시는데, 사랑의 희생은 하나님 자신의 성품을 반영하기 때문이다. 우리가 하나님과 더욱 같아질수록, 우리는 더욱 번영하고, 우리 주위의 세상도 더욱 번영할 것이다. 희생하라는 부르심은 실제로 우리를 사랑하시는 하나님의 부르심이며, 사랑 자체이신 하나님의 부르심이다.

"네 손에 가진 것이 무엇이냐?"

수많은 그리스도인들은 자기 자신을 바라보면서 이렇게 말한다. "내가 하나님 나라를 위해 할 수 있는 게 뭐 있겠어. 카리스마도 없고, 리더도 아니고, 설교도 못하고, 가르치는 능력도 없고 말이야. 불쌍한 사람들을 도울 만한 것도 가진 게 없잖아." 그들은 자격이 없다고 생각한다. 성경에 보면 이렇게 생각했던 첫 번째 사람이 바로 모세였다.5) 하나님은 불타는 떨기나무 가운데서 모세를 만나시고 "모세야, 바로에게 가서 내 백성을 애굽에서 인도해 내어 내가 너희 조상에게 약속한 땅으로 인도하여라" 고 말씀하셨다. 이때 모세는 마음속으로 이런 생각을 했을 것이다. '하나님, 아직 잘 모르시는군요. 애굽에 가면 제 목에 현상금이 걸려 있습니다. 제가 사람을 죽였었거든요. 그래서 지난 40년간 도망쳐 나와 있었잖습니까. 요즘은 그곳이 어떻게 돌아가고 있는지 사정도 잘 모릅니다. 게다가 갈 준비도 전혀 안 되어 있구요.' 그러나 겉으로는 모세가 실제로 이렇게 하나님께 묻고 있다. "누구 말입니까? 저요? 제가 뭔데 감히 바로에게 가서 노예가 된 이스라엘 백성을 애굽으로부터 데리고 나온단 말입니까?"

하나님은 대답하셨다. "하지만 모세야, 내가 너와 함께할 것이다." 그러자 모세는 줄줄이 변명을 늘어놓는다. "하나님, 저는 말솜씨가 시원찮습니다. 카리스마도 별로 없구요. 제 형은 이런 방면에 저보다 좀 낫지만요."

그러자 하나님은 다시 말씀하신다(내 생각에는 하나님께서 좀 짜증을 내시는 것 같은 목소리로). "모세야, 네 손에 가진 것이 무엇이냐?" 모세는 대답한다. "이건 그냥 막대기, 뭐 지팡이죠." 하나님은 그에게 그것을 땅에다 던지라고 하셨다. 모세가 던지자 뱀으로 변했다. 하나님은 모세에게 다시 집으라고 하셨는데, 놀랍게도 모세는 그것을 집어 들었다. 그러자 다시 지팡이로 변했다. 하나님은 바로 그 지팡이를 바로 왕 앞에서 자신의 능력을 보여 주시려고 사용하셨다. 하나님은 또한 그 지팡이를 홍해를 가르는 데 사용하셔서, 이스라엘 백성이 애굽 군대보다 앞서 건너가게 하셨다. 또다시 하나님은 그것을 사용하시어, 바위를 쳐서 물을 내게 하셔서 사막 한가운데 있던 목마른 이스라엘 백성의 갈증을 해소하셨다. 하나님은 지팡이를 사용하여 이스라엘 군대의 군사력을 보존하셔서 적들을 물리치게 하셨다. 그것은 하나님께서 사용하시기까지는 단지 지팡이에 불과했다. 모세는 하나님이 요구하시는 것을 자신은 할 능력이 없다고 생각했고, 가진 지팡이는 보잘것없다고 생각했다. 하나님께서 모세더러 지팡이를 땅에 던지라고 말씀하시는 것은, "모세야, 네 손에 가진 것이 뭐든지 내게 다오. 내가 그걸 가지고 내 나라를 넓히는 데 사용하마"라고 하시는 것이다.

우리는 하나님께서 우리 손 안에 있는 것이 무엇이든지 하나님께서 쓰시기 위해 내어놓기를 원하신다는 사실을 기억해야 한다. 이것은 어쩌면 위태로울 수도 있다. 하지만 창조주의 자녀로서, 우리는 분명히 부족한 가운데서도 위험을 무릅쓸 이유가 있다. 이러한 위험은 맹목적 신뢰가 아니라, 하나님에 대한 신뢰이다. 우리가 하나님 나라를 위해 위험을 무릅쓸 때, 우리 위험은 우리 것이 아님을 인식해야 한다. 우리가 위험을 감당하는 것은 하나님께서 우리에게 맡기신 '달란트'(재능)인 것이다. 성경은 말한다. "그의 신기한 능력으로 생명과 경건에 속한 모든 것을 우리에게 주셨으니 이는 자기의 영광과 덕으로써 우리를 부르신 자를 앎으로 말미암음이라."[6] 그분은 이미 우리가 그분을 영화롭게 하는 데 필요한 모든 것을 주셨다. 여기에 희망이 있다. 하나님은 확실히 그분의 자녀들의 신실함을 영예롭게 하신다. 그렇기 때문에 교회는 담대하고 용기 있게 하나님의 사랑을 표현해야 한다. 참된 희생은 용기가 필요하다. 그러나 "큰 희생을 하지 못하는 인생은 용기 있는 행동도 하지 못한다."[7)]

지역 교회에의 적용

이상의 내용들은 지역 교회에 다음과 같이 적용될 수 있다.

- 지역 교회—가진 자원이 별로 없는 교회라 할지라도—는 결코 능력이 없는 것이 아니다. 교회가 사랑의 순종으로 드리는 것을 하나님께서 사용하셔서, 그것을 배가시켜 하나님의 영광을 드러내실 것이다. 하나님의 영광이 드러나면, 그만큼 하나님 나라는 확장된다.
- 지역 교회가 가진 자원을 교회 자체만을 위해 사용하는 것은 위험하다. 교회는 도움이 필요한 사람들에게 가진 자원을 하나님의 긍휼을 보여 주기 위해 사용해야 한다.
- 하나님을 모르는 사람들을 위해 없는 중에서도 희생하면서 도와주는 것이, 남는 것을 주는 것보다 영향이 훨씬 더 크다.
- 교회는 성도들이 나눠 주도록 가르쳐야 한다. 그리고 하나님 나라의 수학을 가르쳐야 한다. 이 진리를 가르치지 않는다면, 하나님이 사람들에게 주실 축복을 빼앗는 것과 같다.
- 지역 교회는 교인들의 희생적인 나눔을 교회 활동에 반영하여, 교회 자원을 교회 내에서만 아니라 교회 밖의 봉사를

위해 기꺼이 또한 희생적으로 사용해야 한다.

- 교회는 이런 일을 하는 것을 두려워하지 말고, 배가시켜 주실 하나님을 신뢰해야 한다. 달란트 비유에서 세 하인들 간의 차이는 '믿음' 을 어떻게 이해했는가에 있다. 두 달란트와 다섯 달란트를 받은 사람은 '믿음' 을 '모험' 으로 이해했고, 이 모험은 맹목적 신뢰가 아니라 하나님에 대한 신뢰에 근거한 것이었다. 그러나 한 달란트를 받은 하인은 '믿음' 을 '두려움' 으로 이해했는데, 가지고 있는 적은 것조차도 잃어버리지 않을까 하는 것이었다.

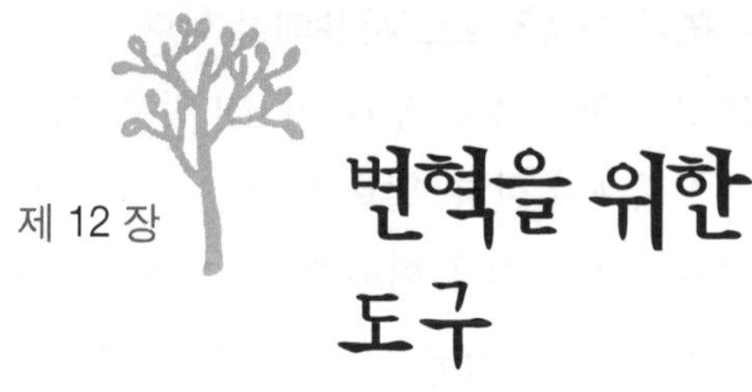

제 12 장 변혁을 위한 도구

1980년대 초에, 하베스트 선교회는 남미 지역에서 교회들이 주위 가난한 지역 사회를 도우려고 할 때 필요한 간단한 틀을 사용하였다. 그것은 헬라 의사인 누가가 성령의 인도를 받아 기록했던 예수님의 성장에 관한 말씀에 근거한 것이었다. "예수는 그 지혜와 그 키가 자라가며 하나님과 사람에게 더 사랑스러워 가시더라."[1] 이 구절은 인간의 개발—동시에 하나님의 관심사이신—에 대한 간단하고도 유용한 방법을 가르쳐 준다. 성경에 예수님이 성장하신 것처럼 성장하라는 명령은 없다. 하지만 그분은 인간의 형체로 오신 영원한 하나님이시다. 그분은 인간을 향한 하나님의 의도를 완벽하게 반영한 유일한 분이시다. 따라서 우리는 예수님의 성장에 대한 누가의 묘사를 모델로 삼기로 한 것이다. 이 구절은 인간 개발의 영역을 네 가지로 말할 수 있다.

- ‘키’ 의 성장은 신체적 개발을 나타낸다.
- “하나님(께) … 사랑스러워 가” 도록 성장한 것은 영적 개발을 가리킨다.
- “사람에게 … 사랑스러워 가” 도록 성장한 것은 사회적 개발을 나타낸다.[2)]
- ‘지혜’ 의 성장은 우리의 신체적, 영적, 사회적 관계 전체에 대한 하나님의 도, 교훈, 의도, 명령 및 뜻을 배우고 순종하는 것을 나타낸다.

우리는 누가복음 2장 52절이 개인, 가정, 교회, 지역 사회 및 사회의 성장을 위한 좋은 모델이 될 수 있음을 알게 되었다. 처음에 이것을 우리 사역의 한 패러다임으로 가르치기 시작했을 때는 너무 단순하다는 비판을 받았다. 물론 많은 대학들에서 민족들과 사회의 번영과 쇠퇴의 원인이 무엇인지를 연구하고 있다는 것을 잘 알고 있다. 또한 인간과 사회의 개발에 대해 보다 학문적인 용어로 묘사될 수 있다는 것도 이해하고 있다. 하지만 전인을 위한 사역이나 국가의 변혁을 위해, 고도의 학문을 섭렵해야 할 필요는 없다고 생각했다. 인간과 사회 개발에 대한 고도의 학문적 방법들은 적절한 상황에서는 매우 유용하지만, 그러한 방법들이 우리가 동역했던 지역 교회들한테는 불필요하게 복잡하고 추상적이었다. 우리가 믿기로, 성경은 수 세기 동안 숙련된 신학자들이 연구할 정도로 깊기도 하지만, 동시에 단순하고 실제적이고 유용한 것이다.

우리는 또한 성경 본문을 본래의 의도 이상으로 적용한다는 비판도 받았다. 그런 식으로 남용하면 실패할 것이라는 지적도 받았다. 그러나 초창기 경험으로 볼 때, 누가복음 2장 52절의 활용이 긍정적인 결과를 가져올 것으로 확신했다.

이러한 경험의 일부는 브라질에서 얻었다. 나는 일단의 브라질 YWAM 선교사들에게 누가복음 2장 52절에 대해 가르쳤었는데, 그들은 배운 그것을 곧 브라질 전역에 퍼뜨렸다. 참석자들 중 두 명의 독신여성 선교사들이 있었는데, 그들은 아마존강 유역에 사는 토착 부족을 위해 사역하고 있었다. 그 부족의 문자해독률이 너무 낮아 선교사들은 가르칠 내용을 이야기와 그림을 이용해서 가르쳤다. 다 가르친 후, 그들에게 네 가지 영역들 중 어떤 영역을 개발시키고 싶으냐고 물었다. 그러자 부족 전체가 모든 영역을 개발하고 싶다고 나섰다. 선교사들은 그들 중 네 명의 장로들과 조력자들을 임명하고 훈련시켜서 부족 전체의 삶이 누가복음 2장 52절에 따라 성장될 수 있도록 도울 수 있었다!

지역 교회들은 사역에 있어 이러한 모델을 이해하고 있다. 누가복음 2장 52절의 패러다임은 이해하고 기억하고 실행하기가 매우 쉬웠기 때문이다. 지난 20년 이상 거의 모든 대륙에서 다양한 문화권 속에 있는 수천 개의 교회들이 이것을 활용했다. 하베스트 선교회는 누가복음 2장 52절에 있는 예수님의 네 가지 성장 영역을 참고하여 몇 가지 도구를 만들었다. 그중 가장 우선적인 두 가지는 사랑의 훈련(Discipline of Love)과 겨자씨 프로젝트(Seed Projects)이다.

• 사랑의 훈련은 각 성도들이 주님 명령에 대한 순종으로 이웃에 대한 사랑의 섬김을 의도적으로 계획하고 행동으로 옮길 수 있도록 도와준다. 이 도구를 통해 네 가지 필요

영역—지혜, 신체적, 영적, 사회적—에 따라 이웃을 섬기도록 가르치는 것이다. 또한 세 가지 실천 영역—가정, 교회, 지역 사회—에서 적용할 수 있도록 해 준다. 이 도구의 사용을 통해 이웃 사랑이 습관과 삶의 형태가 될 수 있다.

• **겨자씨 프로젝트**는 교회의 소그룹이 교회 밖의 필요나 지역 사회, 혹은 더 멀리 떨어진 곳에 가서 실행하는 사랑의 섬김의 활동이다. 이 프로젝트는 단기간에 지역 자원으로 실행할 수 있는 간단한 것이다. 이것은 반드시 하나님의 의도가 그 동기가 되어야 하며, 긍휼의 마음으로 하되 조작적인 동기로 하면 안 된다. 시작부터 끝까지 기도로 진행하되, 철저하게 계획해야 한다. 가능하면 혜택의 대상들도 참여하도록 한다. 여건만 된다면 영적 영향을 주도록 계획해야 한다. 실행이 끝나면 하나님 나라의 기준으로 평가해 보아야 한다.

이 도구들의 일부 형식에 대한 보다 자세한 내용은 「지역 사회를 변화시키는 희망의 사람들」의 제 4 부에 소개되어 있다.

어떤 미국 교회의 성도들은 이 계획 도구를 활용하여 효과를 거둔 적이 있다. 그들은 한 지역의 양로원에서 노인들을 돌보는 간호보조사들을 대접하는 겨자씨 프로젝트를 실시하였다. 그들은 함께 근사한 저녁 파티를 즐겼다. 끝난 후에 교인들은 이렇게 고백했다. "우리가 같이 앉아서 사전에 계획을 안 했더라면 이런 겨자씨 프로젝트는 못했을 거야. 역시 미리 계획하니까 뭔가 다르잖아!"[3]

도구 사용의 주요 원리들

원리 1: 겨자씨는 섬김에 있어서—특히 희생적으로 드릴 때—커다란 의미를 갖고 있다. 그리고 섬김의 영향은 종종 우리의 희생에 비례한다.

겨자씨에 대한 가장 특징적인 교훈은 예수님 자신의 죽음에 대한 예언 속에 있다. "내가 진실로 진실로 너희에게 이르노니 한 알의 밀이 땅에 떨어져 죽지 아니하면 한 알 그대로 있고 죽으면 많은 열매를 맺느니라."[4)]

겨자씨는 희생을 나타낸다. 겨자씨는 지음받은 그대로 되기 위해 반드시 죽어야 한다. 만약 죽지 않으면, 열매를 맺을 수 없다. 죽을 때, 엄청난 배가가 일어난다. 죽음이란 궁극적인 희생이며, 이것은 겨자씨든지, 인간이든지, 하나님이시지만 인간으로 오신 분도 마찬가지이다. 예수님은 제자들에게 제자도의 대가는 자기 부인, 즉 예수님을 따르는 것을 제외하고 모든 것에 대해 죽는 것이란 사실을 명확하게 하셨다. 하나님 나라의 수학의 관점에서, 이러한 궁극적 희생이 치유의 능력과 구원의 능력과 변혁의 능력을 나타나게 해 주는 것이다.

원리 2: 추수를 가져다주시는 분은 하나님이시다. 우리는 순종하여 겨자씨를 심을 뿐이지만, 겨자씨 프로젝트가 열매를 맺게 하시는 분은 하나님이시다.

예수님은 제자들에게 그들의 섬김의 영향은 그들 자신들의 영예로 돌릴 수 있는 것이 아님을 상기시켜 주셨다.

> "내가 너희로 노력지 아니한 것을 거두러 보내었노니 다른 사람들은 노력하였고 너희는 그들의 노력한 것에 참예하였느니라"[5)]

이것은 우리들에게도 동일하다. 하나님은 우리가 상대하여 사역하는 사람들의 마음속에서 우리가 사역을 시작하기 훨씬 오래전부터 역사하고 계셨다. 하나님이 해 놓으신 것을 내 영예로 여기는 것은 순진한 생각이다. 아니 위험하기까지 하다. 이것은 하나님의 명예와 영광을 빼앗는 일이기 때문이다. 하나님 나라를 위한 영향력이 우리의 순종을 통해 나타날 때, 우리 마음속에서와 입으로 누구에게 영예를 돌리는가? 바울은 말했다.

> "그런즉 심는 이나 물주는 이는 아무 것도 아니로되 오직 자라나게 하시는 하나님 뿐이니라"[6)]

원리 3: 각 성도들과 교회는 그리스도의 사랑을 삶의 방식 가운데 나타내기 위해 훈련이 필요하다.

나는 오스왈드 챔버스(Oswald Chambers)의 「주님은 나의 최고봉」(My Utmost for His Highest)을 읽으면서, 베드로후서 1장 5-7절에 대한 저자의 통찰에 도전을 받았다.

"이러므로 너희가 더욱 힘써 너희 믿음에 덕을, 덕에 지식을, 지식에 절제를, 절제에 인내를, 인내에 경건을, 경건에 형제 우애를, 형제 우애에 사랑을 공급하라"

챔버스는 이 구절들을 다음과 같이 설명하였다.

우리는 이러한 성품들이 의미하는 모든 것을 우리의 삶에 '더해야' 한다. 아무도 저절로 또는 초자연적으로 이런 성품들을 갖고 태어나지 않는다. 그것은 개발되어야 한다. 아무도 습관을 지니고 태어나지 않는다. 우리는 하나님께서 우리에게 주신 새 생명의 기초 위에서 경건한 습관을 길러야 한다.[7]

원리 4: 교회의 전도 활동에 개인적 차원과 교회적 차원에서 하나님의 사랑을 하나의 삶의 방식으로 표현하는 것을 포함해야 한다.

사람들은 겨자씨 프로젝트에 흥미를 갖게 된다. 왜냐하면 즉각적으로 가시적이고 구체적인 결과가 나타나기 때문이다. 이 프로젝트는 주의를 끌며 효과가 있으며 변화를 일으킨다. 열정을 갖게 하고 신나며 극적이기까지 하다. 그렇지만 한 가지 염려되는 것은, 사랑의 훈련에서처럼 개인적인 적용의 중요성을 사람들이 확신하지 못한다는 점이다. 어쨌든 개인적인 사랑의 실천은 교회적 차원에서 실행하는 겨자씨 프로젝트만큼 신나지 않거나 효과가 없는 것처럼 보인다. 나는 이에 동의하지 않는다. 둘 다 신나는 일이고 중요하다. 둘 다 해야 한다. 일관성 있게 하는 것이 중요하다. 만약 교회가 집단적으로 이웃들을 위해 사랑의 활동을 하면서, 교인 각자가 개인적으로 아무런 사랑의 활동을 하지 않는다면, 이웃들은 금방 알아차리게 될 것이다. 만약 교인 각자가 이웃을 섬기는데 교회 차원에서 아무것도 안 한다면, 이것 역시 이웃들은 알게 될 것이다.

그래서 둘 중 하나만 선택할 필요가 없다! 교회는 두 도구들을 모두 사용해서 하나님 나라를 표현해야 한다. 사랑의 훈련에서 성도 개인들은 하나님 나라의 대사들이며, 겨자씨 프로젝트에서 교회는 하나님 나라의 대사관이다. 교회가 대외 활동을 계획할 때, 하나님 사랑을 개인적 차원과 교회적 차원에서 모두 나타내야 한다.

사랑의 훈련과 겨자씨 프로젝트 도구들은 개인적 · 교회적인 차원에서의 전인적 제자훈련의 두 가지 모델에 불과하며 그 외에도 많은 것들이 있다. 이것들은 어린이들이 자전거 타는 법을 배울 때 먼저 연습용 자전거를 타거나 아빠가 자전거를 붙들어 주는 것처럼, 사람들이 하나님의 전(全) 복음을 전파하는 데 있어서 자신감과 경험을 개발시켜 주는 보조 도구들이다. 연습용 자전거는 일단 자신감과 경험이 쌓이면 옆으로 제쳐놓을 수 있다. 그러나 그런 때조차도 훈련된 '자전거 경주자'는 배워둔 기술과 기교와 교훈과 균형을 잃지 않고 사용하는 것처럼, 이웃들에게 하나님 사랑을 표현할 때와 다른 사람들을 훈련할 때에도 도구들을 계속해서 사용해야 한다.

섬김은 하나의 삶의 방식이어야 한다. 성도들은 성숙의 어떤 단계에서도 한 가지 프로젝트나 훈련을 마쳤다고 해서, 만족감에 젖어 미소 지으며 수건과 대야를 옆으로 제쳐놓는다든지 겨자씨 프로젝트에 대한 평가를 생략한다든지 하는 사치스런 행동을 해선 안 된다. 그렇게 해선 안 된다. 오히려 다음 단계의 하나님 사랑과 섬김의 표현을 위해 더 잘 준비되었을 뿐임을 알아야 한다.

만약 예수님이 우리의 시장이시라면, 그분은 성도들에게 개인적으로 또한 교회적으로 작지만 희생적인 겨자씨를 계속 심으라고 격려하실 것이다. 그리고 만약 예수님이 우리의 시장이시라면, 그분은 성경에서 그렇게 하신 것처럼 우리의 희생적 노력을 축복하시고 배가시키실 것이며, 같은 일을 오늘도 여전히 계속하실 것이다.

기도하기는, 여기서 우리가 제안한 도구들이, 당신과 교회와 각 성도들이 예수님이 시장이시라면 행하실 변혁의 사역을 실행하는 데 도움이 되기를 바란다.

후 기

만약 예수님이 시장이라면 당신의 지역 사회는 어떻게 변할까?

이것은 놀라운 질문이지 않은가? 이 질문을 두고 지금껏 나의 생각을 당신과 함께 나누어 왔다. 나는 이 질문에 당신도 자극을 받고 가능한 대답들과 그 대답들이 뜻하는 바가 무엇인지를 생각했을 줄로 믿는다.

시장으로서의 예수님은 교회가 위치한 지역 사회에서 각 교회의 역할에 대한 하나님의 의도가 무엇인가를 찾을 때 활용할 수 있는 하나의 은유이다. 이것은 시도해 볼 만한 도전적인 내용이 아닌가! 하나님은 지역 교회가 각각의 지역에서 하나님의 정부의 대사관이 되어 하나님의 목적을 선포하고 전진시키기를 바라고 계신다는 것은 의심의 여지가 없다.

이제 우리의 대화를 마무리하면서, 우리 아버지 하나님께 간구하여 우리를 도우셔서 다음의 질문에 대해 개인적으로 또한 교회적으로 어떤 대답을 가지고 하나님의 뜻을 행해야 할지 보여 주시길 기도하고자 한다. 만약 예수님이 시장이라면 당신의 지역 사회는 어떻게 변할까?

아버지 하나님, 감사합니다.

아버지께서 제게 당신의 신부인 교회와 당신의 목적에 대해 우리 형제들, 자매들과 함께 생각해 보는 영예를 누리게 해 주셔서 감사합니다.

성령께서 제가 쓴 글 중 알곡만 남기고 가라지는 사라지게 해 주십시오.

아버지 하나님, 우리에게 당신의 뜻을 행하려는 열정으로 가득 차게 해 주십시오. 먼저 우리 자신의 삶 속에서, 그리고 우리가 섬기는 교회 안에서, 나아가 당신의 현존하는 나라의 영광이 죽은 영혼들을 이끌어 내시고, 깨어진 지역 사회를 치유의 빛 가운데로 인도할 때까지 우리에게 열정을 부어 주십시오.

우리의 마음과 가슴속에, 당신의 아들 예수님, 우리의 시장 되신 예수님이 모든 것을 회복시키기 원하시는 그 확신으로 가득 채워 주십시오. 그리하여 우리 시장이신 예수님의 과업을 이루기 위해 전심으로 우리 자신을 나누어 주고 희생하는 일에서 물러서지 않도록 해 주십시오.

하나님 나라가 임하게 해 주시고, 당신의 뜻이 하늘에서 이루어진 것처럼 땅에서도 이루어지게 해 주십시오.

예수님의 이름으로 기도드립니다. 아멘.

참고문헌

인용 성경

New International Version (NIV), Colorado Springs CO: International Bible Society, 1978, 1984.

The King James Version (KJV)

인용 문헌

Arizona Republic. "Thousands of deaths unsolved in Guatemala," 2 March 2004.

Barna, George. *A Fish out of Water*. Nashville TN: Integrity Publishers, 2002.

Barna Research Online. "Beliefs: General Religious-Faith Groups (2002)." Available from http://www.barna.org/cgi-bin/PageCategory.asp?CategoryID=2. Internet.

Barna Research Institute, "A Biblical Worldview Has a Radical Effect on a Person' s Life," 1 December 2003. Available from http://www.barna.org/FlexPage.aspx ?Page=BarnaUpdate&BarnaUpdateID=154. Internet.

Bloesch, Donald G. *The Reform of the Church*. Grand Rapids MI: William B. Eerdmans, 1970.

Brown Daniel A. *The Other Side of Pastoral Ministry*. Secunderabad, India: OM Books, 1999.

Burnett, David G. *The Healing of the Nations: The Biblical*

Basis of the Mission of God. Carlisle U.K.: Paternoster Press, Biblical Classics Library, revised edition, 1996.

Chambers, Oswald. *My Utmost for His Highest: An Updated Edition in Today's Language*, ed. James G. Reimann. Grand Rapids MI: Discovery House Publishers, 1935, revised 1992.

Chambers, Oswald. *My Utmost Devotional Bible*. Nashville TN: Thomas Nelson, 1992.

Cahill, Thomas. *The Gifts of the Jews*. New York, NY: Anchor Books, 1998.

Cahill, Thomas. *How the Irish Saved Civilization*. New York, NY: Anchor Books, 1996.

Disciple Nations Alliance. *Wholistic Ministry*. Phoenix: Food for the Hungry International and Harvest Foundation, 2002. Online course. Available from http://www.disciplenations.org. Internet.

Farah, Charles. "America's Pentecostals: What They Believe." *Christianity Today*, 16 October, 1987.

Hall, David W. (ed), "Earlier Paradigms for Welfare Reform: The Reformation Period." In *Welfare Reformed: A Compassionate Approach*, Phillipsburg NJ: Presbyterian & Reformed Publishing and Franklin TN: Legacy Communication, 1994. Co-Publishers.

Lapin, Rabbi Daniel. "Equal Earthquakes with Unequal Results." 15 January, 2004. Available from http://www.tothesource.org/1_15_2004/1_15_2004.htm. Internet.

Holmes III, Urban. quoted in Ruben and Shawcheck, *A Guide to Prayer for Ministers and Other Servants*. Nashville TN: The Upper Room, 1983.

Mangalwadi, Ruth and Vishal. The Legacy of William Carey. Illinois: Crossway Books, 1999.

Mangalwadi, Ruth and Vishal. *William Carey: A Tribute by an Indian Women*. New Dehli: Nivedit Good Books Distributors Private Limited, 1993.

Mangalwadi, Ruth and Vishal. *Truth and Social Reform*. London: Nivedit Good Books Distributors Pvt. Ltd., 1985. Note: This work was not cited but is recommended reading.

Miller, Darrow L., Bod Moffitt, and Scott D. Allen. *God's Remarkable Plan for the Nations*. Phoenix: Food for the Hungry International, 2004.

Nouwen, Henri. quoted in Ruben P. Job and Norman Shawchuck, *A Guide to Prayer for Ministers and Other Servants* (The Upper Room, 1983), p.68.

Pierson, Paul. "Missions and Community Development: A Historical Perspective." In *Christian Relief and Development: Developing Workers for Effective Ministry*, ed. Edgar J. Ellistons. Dallas: Word Publishing, 1989.

Ro, Bong Rin. "The Perspective of Church History from New Testament Times to 1960." *In In Word and Deed: Evangelism and Social Responsibility*, ed. Bruce Nichols. Grand Rapids: Eerdmans, 1985.

Sine, Tom (ed). *The Church in Response to Human Need.* Monrovia CA: Missions Advanced Research and Communication Center, 1983.

Spittler, Russell P. "Children of the Twentieth Century." In *The Quiet Revolution*, ed. Robbin Keeley. Grand Rapids MI: Eerdmans, 1985.

St. Francis of Assisi. QuotationsReference.com. Available from http://www.quotation reference.com/quotefinder.php?byax=1&strt=1&subj=St.+Francis+of+Assisi. Internet.

Stark, Rodney. *The Rise of Christianity.* San Francisco: Harper Collins Publishers, 1997.

Stephens, Randall J. "Assessing the Roots of Pentecostalism: A Historiographic Essay." Available from http://are.as.wvu.edu/pentroot.htm. Internet.

Stott, John. *Involvement: Being a Responsible Christian in a Non-Christian Society.* Old Tappan NJ: Fleming H. Revell, 1984, 1985.

주석

서 문

1) 오스왈드 챔버스, *My Utmost Devotional Bible*, 낭독 92번, 이 인용문은 이 책 표지의 제목에 대한 인용이기도 하다.
2) 제2/3세계: 지리적으로 서구 이외의 세계를 의미함. 특히 아시아, 아프리카, 남미, 또한 유럽과 북미의 일부 한정된 지역이 여기에 해당되며, 필요가 많고 독특한 세계관과 문화를 가졌다는 특징이 있다. 때로 제3세계(경제적 수준과 삶의 수준이 비교적 낮은 지역을 가리키는 용어)로 불리기도 한다. 그러나 제2/3세계라는 용어는 지리적으로 전 세계 인구의 2/3가 살고 있다는 뜻으로 더 잘 설명되고 있다.

제1장

1) 빌립보서 3:7-10
2) 위대한 계명: 예수님은 크고 첫째 되는 계명이 "네 마음을 다하고 목숨을 다하고 뜻을 다하여 주 너의 하나님을 사랑하라"는 것이고, 둘째는 "네 이웃을 네 몸과 같이 사랑하라"는 것이라고 말씀하시고, 이 두 계명이 온 율법과 선지자의 강령이라고 하셨다(마태복음 22:37-40).
3) 위대한 명령: 예수님은 제자들에게 "가서 모든 족속으로 제자를 삼아 아버지와 아들과 성령의 이름으로 세례를 주고 내가 너희에게 분부한 모든 것을 가르쳐 지키게 하라"고 명령하셨다(마태복음 28:19-20).
4) 성경적 전인 사역: 성경에 계시된 것처럼 전인적 인간과 창조물 전체에 대한 하나님의 관심을 반영하는 사역.
5) 그 이후 두 기관은 하나님의 인도하심으로 DNA(Disciple Nations Alliance)라는 연합체를 공동 창립했다.

제2장

1) 시장: 어떤 지역 사회에서 가장 우두머리인 사람(이 책을 읽을 때, 당신의 지역 사회의 우두머리를 가리키는 용어로 대체해 보라. 만약 예수님이 그 자리에 앉으신다면 당신의 지역 사회는 어떻게 되겠는가?).
2) 잠언 29:18

3) 요한복음 15:10, 19
4) 마태복음 6:10

제2부의 서언

1) 마태복음 28:19-20
2) 아시시의 성 프란시스(St. Francis of Assisi). QuotationReference.com에서 인용함. 성 프란시스는 1182년부터 1226년까지 살았다.
3) 타락: 하나님에 대한 인간의 반역과 그 반역의 결과들(창세기 3장).

제3장

1) 이것은 서구 역사의 관점에서 서술하는 것이어서 조심스럽다. 그러나 이 관점은 현대 개신교회의 배경을 이해하는 데 필수적이다. 또한 개신교회에만 초점을 맞추기 때문에, 전 세계에서 행하시는 하나님의 모든 이야기를 다 포함하는 것은 아니다.
2) 사도행전 1:15
3) 스타크(Stark), *The Rise of Christianity*, 161-162.
4) 로드니 스타크는 국제적으로 잘 알려진 사회학자로서, 사회과학적 방법으로 역사적 데이터를 분석하여 종교운동의 사회적 의미를 연구한다.
5) 스타크, 214.
6) 스타크, 7.
7) 노(Ro), "The Perspectives of Church History", *In Word and Deed*, 20.
8) 피어슨(Pierson), "Missions and Community Development", in *Christian Relief and Development*, 9.
9) 카힐(Cahill), *How the Irish Saved Civilization*, 4, 181-184, 193-196, 207.
10) 면죄부: 로마 교회에서는 보통 고해성사를 통해 죄사함을 받는데, 당시에는 돈을 주고 면죄부를 사면 죄를 사해 준다고 했다.
11) 구원은 오직 은혜와 믿음으로만 얻는다. 오직 성경만이 권위가 있다. 오직 하나님만이 영광을 받으셔야 한다.
12) 홀(Hall),(편자), "Earlier Paradigms for Welfare Reform", in *Welfare Reformed*, 156.
13) 노, 24.
14) 홀, 158.

15) 존 R. 스토트(John R. Stott), *Involvement*, 21.

16) 노, 27.

17) 피어슨, 14.

18) 스토트, 22.

19) 릭 워렌(Rick Warren), 「목적이 이끄는 삶」, 259.

20) 노, 28-29.

21) 피어슨, 18.

22) 망갈와디(Mangalwadi), *The Legacy of William Carey*, 17-25.

23) 망갈와디, "William Carey and the Modernization of India", in *William Carey: A Tribute*, 43-49.

제4장

1) 시편 19:1

2) 창세기 1장 27절과 일관되도록 하기 위해, 나는 '사람'(Man)과 '인간'(Mankind)이란 용어 대신 '남자'와 '여자'라는 용어를 이 책 전체에 걸쳐 사용한다.

3) 창세기 1:26-28

4) 로마서 8:20

5) 창세기 6:6

6) 창세기 12:3

7) 창세기 18:18

8) 요한계시록 22:2

9) 구약에서, '민족'(Nation, 히브리어 '미스파챠')은 부족이나 씨족을 뜻한다. 신약에서는 희랍어 '에쓰노스'를 사용하는데, 이는 인종, 백성, 혹은 종족을 의미한다. 여기서 성경의 '민족들'은 '종족들'을 뜻한다.

10) 역대하 6:22-38

11) 역대하 7:14

12) 이스라엘은 십계명에 나타난 대로 윤리적 및 사회적 규례를 순종하여 민족들에게 모델이 되어야 했다. 단, 여기서 다른 민족들이 구약의 음식 규례 같은 레위기 율법까지 따라야 한다는 것은 아니다.

13) 신명기 4:6

14) 밀러(Miller) 외, *God's Remarkable Plan for the Nations*, 30, 또한 카힐, *The Gifts of the Jews*, 240-241

15) 누가복음 24:47
16) 마태복음 28:19-20
17) 요한계시록 21:24
18) 골로새서 1:15-20
19) 로마서 6:23
20) 로마서 6:23
21) 요한복음 10:10
22) 요한복음 3:16
23) 요한복음 3:18
24) 에베소서 2:10
25) 마태복음 9:1-8
26) 누가복음 17:11-19
27) 요한복음 3:16
28) 땅, 창조 세계: 마태복음 13:35, 요한복음 21:25, 사도행전 17:24, 로마서 1:20, 히브리서 4:3, 히브리서 9:26. 코스모스는 또한 마태복음 5:14, 요한복음 1:9-10, 29, 4:42에도 나타나고, 로마서, 고린도전서, 요한1서에도 등장한다. 흥미로운 것은 요한이 '하나님이 인류(Anthropos, 사람들)를 이처럼 사랑하사' 라고 쓸 수도 있었을 텐데 그렇게 쓰지 않았다는 것이다.
29) 골로새서 1:20
30) 로마서 8:19
31) 사도행전 3:21
32) DNA(Disciple Nations Alliance), "Regaining Biblical Wholism", in *Wholistic Ministry* course, 인터넷, www.disciplenations.org.
33) 룻 콘차(Ruth Concha)의 보고서, 하베스트의 동역자(페루).
34) 마태복음 6:10
35) 은유(Metaphor): 표현하려는 대상을 설명하거나 특질을 묘사하는 데 다른 비유를 들어 사용하는 방법.

제5장

1) 창세기 1:27
2) 창세기 1:28-30. 하나님은 인간에게 창조물들을 관리하게 하실 뿐만 아니라, 사회 모든 영역-과학, 예술, 스포츠, 철학, 정부, 법률 등-에 대한 지도력을 부여하

셨다.

3) 오직 하나님만이 무(無)로부터 유(有)를 창조하셨다. 우리는 하나님이 이미 만드신 것들로부터 어떤 '새로운' 것을 발견하거나 만들어 낼 뿐이다.

4) 요한1서 4:16

5) 요한1서 3:17

6) 히브리서 1:1-3

7) 마태복음 20:28

8) 빌립보서 2:6-8

9) 빌립보서 2:9-11

10) 빌립보서 2:5

11) 마태복음 5:16

12) 이사야 58:6-7

13) 마태복음 25:35-36

14) 야고보서 1:27

15) 마가복음 12:31

16) 로마서 8:29

17) 고린도후서 3:18

18) 에베소서 4:30-32

19) 빌립보서 2:12-13

제6장

1) 에베소서 1:9

2) 에베소서 1:10

3) 에베소서 1:11

4) 에베소서 1:18-20

5) 에베소서 1:10

6) 에베소서 1:22-23

7) 에베소서 3:6

8) 에베소서 3:9

9) 에베소서 3:10

10) 에베소서 3:10

11) 에베소서 4:11-12

제7장

1) Greater Europe Mission 소속의 리차드 베컴(Richard Beckam) 선교사 보고서 중에서(Greate Europe Mission은 GEM이라고도 일컬으며, 유럽 복음화를 목표로 하는 국제 선교 단체임-역주).
2) "과테말라, 수천 명 사망 사건 미해결", 애리조나 리퍼블릭(Arizona Republic), 단신.
3) 바나 리서치 온라인(Barna Research Online), "신앙", 인터넷.
4) 마태복음 28:19-20
5) 서구(Western): 서구란 용어는 미주(북부, 중부, 남부)를 가리키는 지리적 용어인 반면, 서구적 사고체계(Western Mindset)란 용어는 원래 헬라, 로마, 유대-기독교적 영향을 받은 문화권에 해당된다. 이런 의미에서, 서구란 원래 비교적 풍요로운 상황을 포함하여 북미와 유럽 문화권의 세계관을 특징지어 주는 삶의 조건들을 가리키는 용어이다(이 내용은 브라질의 알베스 떼 올리베이라가 내린 정의임, 2005).
6) 자연주의: 세계를 궁극적으로 물리적이고 제한적이며 비인격적 자연법칙과 시간과 우연의 맹목적 작용에 의해 통제되는 것으로 이해하는 하나의 사상 체계.
7) DNA, "분열된 사고와 분열된 삶", 전인적 사역 과정 훈련 교재 중에서, 인터넷, www.disciplenations.org
8) 피어슨, 22.
9) 스토트, 25. 이 용어는 교회역사학자 티모시 스미스(Timothy Smith)가 붙여 주었다.
10) 누가복음 19:13
11) 요한복음 18:36. 예수님은 빌라도에게 그분의 왕권은 인간에 의해 주어지는 것이 아니라고-그분의 왕 되심은 이 세상에 속한 것이 아니라고-말씀하고 있다.
12) 누가복음 17:21
13) 마태복음 6:10
14) 이러한 역사적/신학적 견해 때문에 복음주의자를 오순절주의자와 구분하고 있지만, 상황에 따라 명칭이 달라지기도 한다. 어떤 중남미권에서는 오순절주의자를 복음주의에 포함시켜, 두 개의 주요한 종파로 나눌 때 복음주의자와 가톨릭으로 구분하기도 한다.
15) 스피틀러(Spittler), "20세기의 자녀들"(Children of the Twentieth Century), The Quiet Revolution, 79.
16) 파라(Farah), "미국의 오순절주의자들"(America' s Pentecostal), Christianity Today, 25
17) 스테판(Stephens), "오순절주의의 기원 탐색"(Assessing the Roots of Pentecostalism), 인

터넷, 8

18) 스테판, 4

19) 노, 33

20) '자원' 이란 통상 생각하는 것처럼 '돈' 만이 아니라 인력과 창조성을 포함하여 제공할 수 있는 모든 수단을 의미한다. 돈은 물론 하나의 자원이지만, 동시에 잘 관리되어야 한다.

21) 고린도후서 8장 14절에서, "이제 너희의 유여한 것으로 저희 부족한 것을 보충함은 후에 저희 유여한 것으로 너희 부족한 것을 보충하여 평균하게 하려 함이라" 고 말한다.

22) 룻 콘차의 보고서(페루, 2000).

23) 노, 35.

24) 멕 크로스맨(Meg Crossman)의 보고서(애리조나, 2003).

25) 스토트, 28. 이 용어는 데이빗 O. 모버그(David O. Moberg)가 사용함.

26) 하베스트 선교회는 이 언약을 신앙고백으로 삼고 있다.

27) 스토트, 30. 키일(Keele)의 *The National Evangelical Anglican Congress* (Eastbourne U.K.: Falcon, 1967)에서 재인용.

28) 톰 사인(Tom Sine) 편, 「인간의 필요에 응답하는 교회」(캘리포니아: Missions Advanced Research and Communication Center, 1983), v, vi.

29) 마초(Macho): 스페인어로서, 남성스럽고, 강하고, 생식력 있고, 지배적이고, 힘 있고, 공격적이고, 근육질적으로 보이는 행동을 일컫는 말. 마초 행동은 동정이나 허약함을 보여서는 안 된다.

30) 밥 모피트와 잭 테쉬의 보고, 하베스트 선교회, 1984.

31) 이사야 58:4

32) 마태복음 7:23

33) 디모데후서 3:5-7

34) 노, 36-38.

제8장

1) 에베소서 2:8-9

2) 룻 콘차의 보고서(페루, 2003).

3) 에베소서 1:23

4) 에베소서 3:17-19

5) 요한복음 3:16

6) 요한복음 15:10
7) 에베소서 2:10
8) 필요 분석은 유용하지만, 교회의 결정을 좌우하는 동기 요인이어선 안 된다.
9) 에베소서 4:12
10) 고린도후서 4:5
11) 에베소서 4:1-6
12) 에베소서 4:12
13) 블뢰쉬(Bloesch), 교회의 개혁(The Reform of the Church), 181.
14) 에베소서 2:14-22
15) 마태복음 22:40
16) 우리는 지금까지 '전인적 돌봄' 과 관련된 교재들에서, 소그룹 구성원들이 서로를 실제로 섬기도록 권면하는 내용을 보아 왔다. 이는 좋은 것이지만, 오직 소그룹 안에서 이뤄지는 것이다. 우리는 또한 교회의 소그룹 밖에서, 특히 우리가 미칠 수 있는 영향력의 범위 안에서 전인적으로 섬겨야 한다.
17) 에베소서 4:12-13
18) 에베소서 4:17-6:9
19) 요한계시록 2:1-7
20) 마태복음 16:18
21) 신명기 1:21-34
22) 누가복음 19:13, '정복하다' 에 해당하는 헬라어 단어는 '사업을 하다' 라는 의미이다.
23) 에베소서 3:20-21
24) 헨리 나우웬(Henri Nouwen), 욥기에서 인용, *A Guide to Prayer for Ministers and Other Servants*, 68.

제3부의 서언

1) 에스겔 33:10
2) 마태복음 13:33
3) 버넷, 열방의 치유(The Healing of the Nations), 130.

제9장

1) 우간다의 게리 스키너(Gary Skinner)목사에 의하면, 이 중 40%는 복음주의자로 분

류된다(복음주의자는 스키너 목사가 담임하는 오순절/카리스마 계열의 교회를 포함하는 모든 보수주의 그리스도인을 말함).

2) 빌립보서 3:12-13
3) 로마서 12:2
4) 고린도후서 3:18
5) 빌립보서 3:21
6) 신명기 4:5-8, 11:13-15, 역대하 7:14, 시편 2:8, 이사야 55:3-5
7) 로마서 12:2
8) 골로새서 1:9-11
9) 고린도후서 5:17
10) 요한복음 3:3
11) 밥 모피트의 보고서, 하베스트 선교회, 2003
12) 신명기 6:4-7
13) 디도서 2:3-4, 디모데전서 3:12, 디도서 1:6
14) 잠언 31:23
15) 디모데후서 2:2
16) 사도행전 1:8
17) 시편 72:17
18) 시편 2:8
19) 시편 46:10
20) 에베소서 3:9-10
21) 이 말은 교회가 국가를 통치한다는 뜻은 아니다.
22) 본 맥래플린(Vaughn McLaughlin), 포터스하우스 교회(Potter' s House Christian Fellowship), www.potters-house.org
23) 톰 폴신(Tom Polsin)의 보고서, 하베스트 선교회
24) 예레미야 29:7
25) 마태복음 22:21
26) 로마서 13:1
27) 역대하 7:14
28) 이사야 58:8-9
29) 바나 리서치 연구소(Barna Research Institute), "성경적 세계관은 개인의 삶에 강력한 영향을 미친다", 인터넷.
30) 마태복음 5:13-16

31) 라핀, "Equal Earthquake, Unequal Results", 인터넷. 라디오 토크쇼 진행자인 랍비 다니엘 라핀은 시애틀에 본부를 두고 유대-기독교적 가치를 수호하는 미국인들의 목소리를 대변하는 Toward Tradition의 사장이다.

32) 에베소서 3:19-21

33) 에베소서 6:12

제10장

1) 각 교회는 각각 유일하다. 때로 별도의 회개 시간을 갖지 않을 수도 있고, 또 어떤 교회의 보고 책임 구조는 덜 조직적인 경우도 있다. 그러나 총체적 사역에 강한 영향을 받은 교회들은 어쨌든 이런 요소들을 경험하였다.

2) 잠언 29:18

3) 하베스트 선교회는 이런 목적을 위해 지역 교회에서 사용할 수 있는 성경공부와 훈련 교재를 개발하여 보급하고 있다.

4) 마태복음 28:19-20

5) 마태복음 22:37-39

6) 바나, 「물을 떠난 고기」*(A Fish out of Water)*, 70. 이 책은 교회가 일반적 소명과 특별한 소명을 정의하는 데 도움을 준다.

7) 에베소서 4:12

8) 히브리서 10:24-25

9) 데살로니가전서 4:3-12

10) 에베소서 5:17-20

11) 미가 6:8

12) 고린도후서 5:20

13) 골로새서 1:20

14) 마태복음 28:19-20

15) 스토트, *Involvement*, 81-83, 89

16) 갈라디아서 5:22-23

17) 로마서 10:14-15

제11장

1) 이사야 40:30-31

2) 요한복음 6:1-14, 마태복음 14:13-21

3) 마태복음 8:20

4) 마태복음 25:14-30

5) 출애굽기 3-4장

6) 베드로후서 1:3

7) 홈스(Holmes), 르우벤(Reuben)의 「사역자들을 위한 기도 가이드」(*A Guide to Prayer for Ministers and Other Servants*), 204에서 재인용

제12장

1) 누가복음 2:52

2) '사회적 개발'(Social Development)이란 대인관계 영역을 향한 하나님의 의도를 말한다. 이는 사회 전체나 문화의 근원적 변화를 가리키는 '사회 변혁'(Social Transformation)과는 다르다.

3) 톰 폴신의 보고서, 하베스트 선교회, 2004

4) 요한복음 12:24

5) 요한복음 4:38

6) 고린도전서 3:7

7) 오스왈드 챔버스, 「주님은 나의 최고봉」(이중수 역, 기독교문서선교회, 1988), 7월 15일

저자 소개

밥 모피트는 풍부한 경험을 가진 교사이자 조직 전략가이다. 그가 쓴 저작들은 다음과 같은 확신에 주로 근거하고 있다:

· 복음은 반드시 선포되고 입증되어야 한다.

· 지역 교회는 깨어진 세상에 대한 하나님의 사랑을 입증하는 하나님의 중추적 기관이다.

· 하나님의 사랑을 입증할 때 반드시 개인적 차원과 교회적 차원에서 행해야 한다.

밥은 하베스트 선교회의 설립자이자 대표이다. 하베스트는 지역 교회 지도자들, 특히 제2/3세계의 목회자들과 교회 지도자들이 총체적 사역을 할 수 있도록 훈련하고 있으며, 총체적 사역에 대한 컨퍼런스를 개최하며 훈련 교재를 개발하고 있다. 1981년 이래로, 그는 전 세계 30개 국에서 수천 명의 지역 교회 지도자들을 위한 컨퍼런스를 인도하였다.

밥은 하나님의 은혜로 다음과 같은 분야의 사역 경력을 가지고 있다:

· 아프리카 말라위에서 평화봉사단으로 봉사함.

· 이스라엘, 스위스, 미국 등지에서 대학원 과정을 공부함.

· 파트너스(Partners Inc.), 국제기아대책기구 기아봉사단, 하베스트 선교회 등을 창설하고 지도함.

· 성인교육과 지역 사회 개발 박사 학위 취득함.

밥은 교회에서 장로와 선교위원장으로 섬기고 있으며, 가족으로는 부인 쥬디 여사와 세 명의 성장한 자녀와 손주들이 있다.

칼라 테쉬는 1983년부터 하베스트의 편집자로 봉사해 왔다. 이 책의 내용이 그녀의 교육 배경과 경험과 관심 분야와 일치하는 것이었기 때문에 기쁨으로 이 책의 제작에 참여하였다. 그녀는 오랫동안 복음주의 교파에서부터 사회참여를 강조하는 교파와, 예식을 중시하는 교파로부터 카리스마적 교파들까지 다양한 형태의 교회들과 함께 일해 왔다. 이러한 경험으로 인해 그녀에게는 영적 사역과 사회 사역이 서로 대립되는 것이 아니라는 것을 오랫동안 믿어 왔다. 이 책의 내용은 그녀가 전하기 원하는 메시지이기도 하다.

칼라와 그녀의 남편 잭(Jack)은 교회와 지역 사회에서 열심히 섬기고 있으며, 두 명의 성인이 된 자녀를 두었고 여러 명의 손주를 두고 있다.

DNA 협의회 소개

DNA는 성경적 가치관으로 변화된 교회들이 지역 사회와 열방 속에 전인적 사역을 통해 하나님의 의도를 드러내어 하나님 나라를 확장시키는 '교회본질 회복운동' 입니다.

교회는 깨어진 세상에 하나님의 사랑을 나타냅니다. 그것은 지역 사회와 국가적인 변화를 위한 하나님의 도구로서 열방을 제자 삼는 것입니다.

DNA는 지역 교회를 위해서 첫째, 지역 사회와 문화에서 지역 교회의 참여를 위해 성경적이고 신학적이며 역사적인 틀을 제공합니다. 둘째, 그 참여에 대한 구체적이고 실용적인 전략들을 제시합니다. 그 실용적인 전략의 핵심은 겨자씨 프로젝트(Seed Project)입니다.

국제적으로 대로우 밀러(기아대책 부총재)와 밥 모피트(국제 하베스트 총재)를 중심으로 한국을 포함한 40여 개 국의 교회를 통해 DNA사역이 확산되고 있으며, 국내에서는 DNA 협의회에 소속된 지역 교회를 중심으로 지역 사회에 하나님의 사랑이 구체적으로 실천되고 있습니다. 한국 DNA 협의회는 앞으로 목회자 컨퍼런스와 교회 리더 훈련, 강사 훈련 등의 구체적인 실행 프로그램을 통하여 한국 교회를 섬겨 나갈 것입니다.

* 훈련 과정 문의: 02-541-3689 / jcho@dnakorea.org(조재영 총무)